거래의 신
혼마 무네히사 평전

SOUBADOU SHOSETSU HONMA SOUKYU written by Takehiko Nishino

Copyright ⓒ 2010 by Takehiko Nishino
All rights reserved.

Originally published in Japan by Nikkei Publishing Inc. (renamed Nikkei
Business Publications, Inc. from April 1st, 2020)
Korean translation rights arranged with Nikkei Business Publications, Inc.
through Tuttle-Mori Agency, Inc., Tokyo and Imprima Korea Agency, Seoul.

이 책의 한국어판 저작권은 Tuttle-Mori Agency와 Imprima Korea Agency를 통한 저작권
자와의 독점 계약으로 ㈜이레미디어에 있습니다. 저작권법에 의해 한국 내에서 보호를 받는
저작물이므로 무단 전재와 복제를 금합니다.

거래의 신
혼마무네히사평전

니시노 다케히코 지음 | 전양주 옮김

들어가는 말

　에도 시대의 천재 투자가 혼마 무네히사[本間宗久]가 남긴 쌀 투자 비법서 《무네히사비록[宗久翁秘錄]》은 다음과 같은 유명한 말로 시작된다.

　거래는 시작이 중요하다. 시작이 나쁘면 반드시 어긋나게 되어 있다. 거래는 서둘러 진행해서는 안 된다. 서두르는 것은 시작이 잘못된 것이나 마찬가지다. 매수, 매도 모두 오늘만큼 좋은 시장은 없다고 생각되면 3일을 기다려라. 이것이 나의 비법이다. 쌀의 유통을 면밀히 살펴보고, 가격의 천장과 바닥의 정도를 생각하며 매매하라. 이것이 삼위의 방책[三位の伝]이다. 천장 가격과 바닥 가격을 산출할 수 없다면 몇 달이고 유보하고, 예상이 실현될 때를 기다렸다가 매매해야 한다.
　거래를 서두르지 않는다는 것은 천장 가격과 바닥 가격을 살펴야 한다는 뜻이다. 천장과 바닥을 알 때 이운(利運)에 이르러 손실이 없다.

쌀로 이익을 얻고자 할 때는 크게 욕심내지 말고 100섬만 남기고 팔아라. 거래가 끝나면 40~50일은 쉬어라. 쉰다는 것은 다음 바닥 가격을 살피는 과정이다. 이 책의 내용을 찬찬히 음미하고 자주 읽어볼 일이다.

'시작'이란 투자의 첫걸음, 즉 투자하기 전의 마음가짐이나 투자의 기본자세, 투자할 준비를 갖추고 투자에 본격적으로 착수한다는 의미다. 바로 그 첫 단추를 잘못 끼우면 틀림없이 실패할 것이라고 무네히사는 경고한다.

시작이 왜 중요할까? 거래를 하다 보면 예상치 못한 일들이 종종 일어나기 때문이다. 가령 상승장이 한창일 때 매수에 나설 경우 가격이 더 오를 수도 있지만 악재가 터져 하락세로 돌아설 수도 있다. 바닥 가격에서 산 경우 그보다 가격이 크게 떨어질 가능성이 적어 상승세를 탈 때까지 지긋이 기다리기만 하면 된다.

무네히사는 또 거래를 서둘러선 안 된다고 말했다. 천장 가격이냐 바닥 가격이냐를 잘 따져본 후 거래하라는 의미다. 그는 또한 오늘이 절호의 매수, 매도 시점인 것 같아 마음이 조급해져도 3일간 머리를 식히며 기다려 보고, 그러고 나서도 자신의 판단이 틀림없다고 생각되면 그때 매매하라고 강조했다. 3일간 기다리라는 것은 그동안 시세의 흐름을 잘 관찰해 천장과 바닥을 신중히 판단한 뒤 바닥 가격이라고 생각되면 사고, 천장 가격이라고 생각되면 팔면 된다는 뜻이다.

그러면 바닥이나 천장이 아니라고 판단될 경우에는 어떻게 해야 할까? 무네히사에 따르면 몇 개월이든 거래를 유보했다가 예상이 적중했을 때(바닥 가격, 천장 가격일 때) 거래해야 한다.

바닥 가격과 천장 가격을 정확히 파악한 후 투자하면 거래에 실패할 리 없다. 성공은 당연히 보장된다.

무네히사는 또한 시세에 대한 예상이 적중해서 이익이 나더라도 무리하게 욕심을 부리지 말고 적당한 선에서 이익을 남기고, 그 후에는 40~50일간 거래를 쉬어야 한다고 조언했다. 여기서 '쉰다'라는 것은 온천이라도 가서 한가로이 휴양을 즐기라는 뜻이 아니다. 시세의 움직임을 주의 깊게 관찰하고 다시 바닥 시세가 올 때를 기다리라는 의미다.

이처럼 무네히사의 짧은 글에는 성공적인 거래를 위한 심오한 철학이 담겨 있다. 그렇다면 주옥 같은 거래 비법서를 남긴 무네히사는 과연 어떤 인물이었을까? 역사적 사실, 인간관계 등은 혼마 가문에 남겨진 자료 등을 바탕으로 하였고, 일화는 픽션을 가미해 '인간 혼마 무네히사'의 삶을 추적해 보았다.

차례

들어가는 말 ·· 004
주요 등장인물 ·· 010

서장 혼마 무네히사, 거래를 말하다
투자의 신 무네히사의 거래 강습회 ···························· 016
투자의 필승법, 시세의 습성을 읽어라 ························· 018
고수의 비법, 천장과 바닥이 아닌 천장권과 바닥권을 노려라 ········ 020
횡보장에서는 잠시 멈춰라 ······································ 021
쉬는 것도 투자의 방법이다 ···································· 022
투자는 항상 겸허하게 ··· 026

제1장 수수께끼의 인물 혼마 무네히사
무네히사, 출생의 수수께끼 ···································· 031
잘못된 정보가 퍼져 나간 이유 ································· 034

제2장 신비의 베일에 둘러싸인 무네히사의 아버지
혼마 가문의 기원과 가계도 ···································· 040
친척도 헷갈리는 진짜 혈통 ···································· 046
모토미쓰, 규에몬의 지배인? ··································· 050
모토미쓰, 규에몬의 장남 혹은 차남? ··························· 054
모토미쓰의 자제들 ·· 056
모토미쓰의 가르침과 혼마 가문의 가훈 ························· 058

차례

제3장 투자가 혼마 무네히사의 탄생
- 무네히사, 혼마 가를 위임받다 ———————————— 062
- 쌀 거래의 중심지, 사카타 ———————————— 063
- 사카타 5법, 투기가 아닌 투자를 만들다 ———————— 065
- 쌀 중심 경제가 낳은 선물거래 ———————————— 070
- 거래 중개인에서 쌀 방아꾼으로, 젠베의 좌절과 재기 ————— 074
- 무네히사, 혼마 가에서 의절당하다 ——————————— 077

제4장 무네히사, 쌀 투자에서 고배를 마시다
- 무네히사와 미쓰오카의 반목 ———————————— 086
- 에도에서 무너진 데와의 덴구 ———————————— 088

제5장 참선으로 투자의 도에 눈뜨다
- 가이안지에서 투자의 길을 찾다 ——————————— 092
- 번뇌를 버리고 투자의 신으로 거듭나다 ————————— 094
- 좌선으로 투자의 혜안을 얻다 ———————————— 100
- 삼위의 방책, 작황·심리·가격으로 시장을 꿰뚫어라 ————— 103
- 천재의 부활, 되살아난 데와의 덴구 —————————— 107
- 에도 시대의 천재지변, 심화된 부의 편중, 봉기하는 민중 ——— 108

차례

제6장 무네히사와 제자들, 투자를 논하다
- 투자에서 실패는 병가지상사 ---------------------------------- 112
- 투자가의 성공 비결 : 마음 속 맹수인 감정을 단련하라 -------------- 115
- 마음을 닦아 투자의 도를 밝혀라 ---------------------------------- 118
- 투자가로서 성공하는 사람, 투자가로서 실패하는 사람 ------------- 119

제7장 혼마 무네히사, 병법으로 투자를 배우다
- 전략과 전술의 차이 -- 126
- 쌀 투자에 도움이 되는 병법의 명언들 ----------------------------- 130
- 투자의 격언, 투자를 배우다 -------------------------------------- 138
- 투자에 도움이 되는 《논어》의 명언 ------------------------------ 147

제8장 조카 혼마 미쓰오카의 삶
- 혼마 가문 '중흥의 원조' -- 154
- 쇼나이 번의 재정 재건에 협력하다 ------------------------------- 158
- 정계의 알력으로 처음 맛본 좌절 ---------------------------------- 162

제9장 만년의 무네히사
- 투자의 경험으로 사회사업에 앞장서다 ---------------------------- 168
- 에도 시대 투자 비법사 분석 -------------------------------------- 169
- 불세출의 비법서 《무네히사 비록》 ------------------------------- 179
- 미쓰오카와의 화해 -- 183

주요 등장인물

혼마 규에몬 (가즈에) ‖ 사카타 혼초 2초메에 위치한 가게를 물려받아 두각을 나타냄. 사카타 혼마 본가의 27대 당주. 유력 도매업자 36인의 오토나로 이름을 올린다. 슬하에 혼마 가문의 시조로 알려진 모토미쓰와 시게미쓰, 그리고 딸을 두었다. 규에몬의 뒤를 이은 사람은 시게미쓰다. 시게미쓰 이후로 5대가 이어졌으나 사업을 발전시키지 못해 몰락하고 대도 끊기고 말았다.

혼마 모토미쓰 (규시로) ‖ 규에몬으로부터 분가해 니가타야를 일으켜 본가를 뛰어넘는 눈부신 발전을 이뤄 사카타 혼마 가문 번영의 토대를 마련했다. 모토미쓰는 두 번 결혼했다. 사카타의 하야시 이치자에몬의 딸 오미쓰와 결혼해 장남 미쓰토시(쇼고로), 차남 미쓰요시(신조, 신시로), 3남 시게미쓰(신주로, 노부주로)와 세 명의 딸 오후사, 오키사, 오타쓰 등 3남 3녀를 두었으나 오미쓰는 29세에 죽고 만다. 그후 쓰루오카의 의사 미야모토

다카테쓰의 딸 오마쓰와 재혼해 4남 도시야스와 5남 무네히사 두 명의 아들이 태어난다.

혼마 미쓰토시 ‖ 모토미쓰의 장남으로 사카타 혼마 가문의 2대 당주. 우마노스케, 쇼고로, 쇼고로라고도 불렸다. 무네히사의 배다른 형으로, 병약한 미쓰토시 대신에 무네히사가 사업을 꾸려 나갔다. 슬하에 장남(어려서 죽음), 차남(15세 때 사망), 3남 미쓰오카, 4남 미쓰하루(도모사부로, 야주로), 5남 도모주로(야사부로), 6남 도모하치로(시게노조, 야시치로) 외에 다섯 명의 딸(오사노, 오시게, 오이와, 오누시, 오카노)을 두었다.

혼마 무네히사 ‖ 모토미쓰의 다섯째 아들. 어렸을 때는 시게노부, 구마지로, 덴지, 규사쿠, 고사쿠, 구메 등으로 불렸으나 만년에는 무네히사라는 이름만 사용했다. 어릴 때부터 신동으로 유명했다. 혼마 가문의 적자인 형 미쓰토시가 병약해 대신 경영을 맡아 쌀 투자로 막대한 부를 일궜다. 경영에서 손을 뗀 뒤로는 오로지 쌀 투자에만 힘써 에도 시대를 대표하는 쌀 투자가가 된다. 자신의 체험을 기록한 《무네히사비록》, 《혼마 무네히사 투자삼매전》 등은 유명한 투자 비법서로 현재까지 전해지고 있다. 부인 미야는 니보리무라의 가토 간세기에몬의 딸이다. 미야의 언니는 무네히사의 형 미쓰토시의 부인이다. 슬하에 1남 1녀가 태어났으나 모두 일찍 죽어서 처가에서 양자(이노시로)를 맞이해

뒤를 잇게 했다.

혼마 미쓰오카 ‖ 미쓰토시의 셋째 아들. 어렸을 때는 구지, 도모시로(도모지로), 성인이 된 후에는 규시로, 시로사부로라고도 불렸다. 미쓰토시의 장남과 차남이 일찍 사망해 혼마 가문의 3대 당주가 된다. 경영의 내실을 다지기 위해 쌀 투기를 금하고, 숙부인 무네히사와 의절을 선언하고 추방했다. 혼마 가문을 명실상부한 명문가로 발전시킨 '중흥의 주역'으로, 식림·소방 등 사회사업에 앞장서는 한편 재정난에 허덕이는 쇼나이 번의 재정 재건에도 적극 나섰다. 이 때문에 상인인데도 무사 신분이 주어졌다. 자식으로 장남 미쓰미치, 차남 시게토시 외에 두 딸(미야노, 우메요)을 두었다.

바바 곤베 ‖ 반슈 히메지(현재 효고 현 히메지 시)의 거상. 나라야의 주인으로, 학자로도 유명했다. 혼마 가문과 오랫동안 거래해 온 인연으로, 가업을 물려받기 전 미쓰오카의 수련을 맡기도 했다.

사카이 다다아리 ‖ 쇼나이 번의 7대 번주. 번의 재정을 재건하기 위해 미쓰오카를 등용해 재정 개혁을 추진했다.

이시카와 젠베 ‖ 혼마 가문을 드나들던 사카타의 쌀 상인. 쌀 거래에 실패해 집을 잃고 쌀 찧는 일을 하며 생계를 유지하던 중 무네히사의 도움을 받아 쌀 거래를 다시 시작해 재기에 성공했다. 이후 무네히사를 스승으로 모시며 쌀 투자를 연구했다. 만년에는 지역 식림 사업에 힘을 쏟았다.

구즈오카 이소카 ‖ 쓰루오카의 쌀 투자가. 무네히사의 제자 중 한 명으로 훗날 쓰루오카에서 거상이 된다.

하야사카 도요조 ‖ 사카타의 쌀 투자가. 젠베와 이소카의 가르침을 받았으며, 무네히사의 손제자(孫弟子, 제자의 제자)다. 하야사카 니키쿠라고도 불렸다.

기타 ‖ 투자 동료들, 상점 주인들.

서장

혼마 무네히사, 거래를 말하다

싸게 사서 비싸게 팔고, 비싸게 팔고 싸게 사면 투자에서 백전백승할 수 있다. 이는 말로는 쉽지만 실제로는 매우 어려운 일이다. 거래에서 백전백승하는 방법은 없다. 하지만 성공 확률을 크게 높이는 것은 가능하다.

❋ ❋ ❋

혼마 무네히사는 일본을 대표하는 거상 사카타 혼마[酒田本間] 가문의 기반을 닦은 인물이자 에도 시대를 대표하는 쌀 거래상이다. 쌀 거래에서 연전연승하며 막대한 부를 축적한 무네히사는 자신의 경험과 지식을 담은 투자 비법서를 남겼다. 무네히사가 남긴 투자 비법서는 오늘날 주식 투자에 도움이 되는 교훈이 많아 투자자들의 필독서 중 하나로 꼽힐 정도다. 실제로 오늘날 주식 투자 등에 이용되는 일명 '사카타 5법'이라는 차트는 무네히사가 개발한 것이다.

투자의 신
무네히사의 거래 강습회

막대한 부와 명예를 쌓아 올린 무네히사는 만년에 에도 네기시(根岸: 현재 도쿄 도 다이토 구 네기 시)에 호화로운 저택을 짓고 '에도 혼마', '네기시 혼마'라는 이름을 얻을 정도로 사람들의 존경을 받으면서 한가로운 여생을 보냈다.

당시 무네히사는 우에노[上野] 간에이지[寬永寺]의 의뢰로 사가미노카미(相模守: 사가미 지역지방 관리)를 맡아 에도 막부에 재정 재건 등에 관한 조언을 해줬다. 그러나 이는 명예직에 가까운 직책으로 일이 많지 않아 한가로운 편이었다.

사카타에서 오랫동안 알고 지낸 거래처의 지인들과 에도에서 친분을 쌓은 거래처의 지인들이 무네히사의 거래 비법을 배우기 위해 그의 집에 정기적으로 모였다. 이들은 엄밀히 말하면 거래처의 지인이라기보다는 무네히사의 제자라고 해야 된다. 이들은 무네히사를 투자의 스승으로 삼고 깊이 존경하면서 그의 말 한마디 한마디에 귀를 기울였다.

평소 사회에 작은 도움이나마 되고 싶어 하는 마음을 가지고 있던 무네히사는 이런 모임을 번거롭게 여기기는커녕 자신의 투자 비법을 가르치고 그에 대해 토론하는 것을 기쁘게 생각했다. 모임의 수장은 무네히사의 수제자라고 할 수 있는 이시카와 젠베[石川善兵衛]였다. 젠베는 무네히사와 같은 사카타 출신으로, 쌀 거래에 실패해 가산을 탕진하고 길바닥을 전전하던 중 무네히사의 도움을 받아 재기에 성공한 후 그의 수제자를 자처하며 무네히사의 집을 빈번히 드나들었다.

무네히사와 그의 처 미야[美也] 사이에는 아들과 딸 두 명이 태어났으나, 둘 모두 어려서 죽고 말았다. 때문에 미야의 친정에서 이노시로(猪四郞: 고린, 다이토 등으로도 불렸음)를 양자로 들여 뒤를 잇게 했다. 그러나 이노시로는 쌀 거래에 진혀 흥미가 없었다.

이렇듯 자식 복이 없었던 무네히사에게 이들과의 만남은 커다란 즐거움이었다. 이 모임에서는 쌀 거래를 주제로 다양한 토론이 이루어졌다.

하루는 이런 이야기가 오갔다.

투자의 필승법,
시세의 습성을 읽어라

"쌀 투자에서 백전백승하는 비결이 있을까요?" 젠베가 무네히사에게 물었다.

"싸게 사서 비싸게 팔고, 비싸게 팔고 싸게 사면 투자에서 백전백승할 수 있습니다. 그런데 이는 말로는 쉽지만 실제로는 매우 어려운 일입니다. 싸게 샀다고 생각했는데 나중에 가격이 더 떨어질 수도 있고, 비싼 값에 팔았다고 만족스러워했는데 나중에 가격이 크게 올라 씁쓸했던 경험을 누구나 해 봤을 겁니다. 거래에서 백전백승하는 방법, 다시 말해 투자의 필승법 따위는 없다고 생각하는 것이 좋습니다. 하지만 성공할 확률을 크게 높이는 것은 얼마든지 가능합니다.

누구나 실행할 수 있는 가장 간단하고 가장 확실한 투자 비법은, 바닥 가격에 사고 천장 가격에 파는 것입니다. 쉽게 말해 활황이 시작되기 전의 최저가나 활황이 시작된 직후의 저가에 사고, 활황이 정점에 달했을 때의 최고가나 그에 가까운 고가에 파는 것입니다. 그렇게만 할 수 있으면 거래에서 백전백승하는 것도 완전히 꿈 같은 이야기는 아닙니다."

"활황이 시작됐는지 아닌지, 만약 시작됐다면 얼마가 바닥 가격이고 얼마가 천장 가격인지 어떻게 판단할 수 있습니까?" 구즈오카 이소카가 물었다.

"활황이 시작됐는지 아닌지, 또 이때의 바닥 가격과 천장 가격이 얼마인지는 패션 등으로 과거의 가격 추이를 보면 어느 정도 정확히 판단할 수 있습니다. 역사는 되풀이된다는 말처럼 시세도 일정한 법칙에 따라 반복적으로 비슷한 움직임을 보입니다. 이를 시세의 습성이라고 합니다."

"시세의 습성을 알기 위해서는 무엇을 공부해야 할까요?"

"날씨와 벼농사의 관계, 쌀의 작황과 시세의 관계, 투자 심리(시장의 수급 관계), 과거의 고가 및 저가 등의 자료를 모아 분석하고 연구해 이런 여러 가지 요소의 관계에 존재하는 일정한 연관성(법칙)을 찾아내야 합니다. 이러한 지식을 모두 갖추고 쌀 시세의 움직임에서 나타나는 원칙을 기억해 둔다면 시세를 읽는 것이 그다지 어렵지 않을 겁니다. 시세를 정확히 예측할 수 있다면 어디가 바닥 가격이고 어디가 천장 가격인지, 어디가 매수 시점이고 어디가 매도 시점인지 쉽게 알아낼 수 있습니다."

그리고 이런 자료를 토대로 현재 시세가 본격적인 상승장인지 단순한 횡보장에 불과한지 판단합니다. 횡보장이라는 판단이 서면 투자를 유보합니다. 작은 등락에 사고 팔면 들인 공에 비해 이익이 적을 뿐만 아니라 시세의 전체적인 흐름을 놓칠 수도 있기 때문입니다.

본격적인 상승장이라면 바닥 가격과 천장 가격이 얼마고, 현재 시세는 어느 정도인지 판단합니다. 그래서 바닥이라는 판단이 들면 과감하게 사고, 천장이라고 판단되면 과감하게 팝니다. 이렇게만 할 수 있다면 거래에서 실패하는 일 없이 큰 성공을 거둘 수 있을 겁니다."

고수의 비법,
천장과 바닥이 아닌
천장권과 바닥권을 노려라

"고수는 천장에서 팔지 않고, 바닥에서 사지 않는다는 거래 명언이 있지 않습니까? 선생님의 설명과는 다른 이야기입니다." 쌀 도매업자인 오이카와 겐고로[及川源五郞]가 조심스럽게 물었다.

"그 말에서의 천장은 최고점, 바닥은 최저점이라고 이해하면 됩니다. 고수는 최저점에 사서 최고점에 파는 어려운 일에 도전하지 않고, 최저가에 가까운 바닥권에 사서 최고가에 가까운 천장권에 파는 비교적 쉬운 방법으로 확실히 이익을 확보한다는 의미로 해석해야 합니다. 그 가격이 최고가인지, 최저가인지는 시간이 어느 정도 지나지 않으면 알 수 없습니다. 며칠 후, 몇 개월 후 그보다 더 고가, 혹은 저가에 도달할 가능성이 있기 때문입니다.

최저가로 사기는 굉장히 어려운 일이지만, 그에 근접한 바닥권에 사는 것은 그렇게 어렵지 않습니다. 천장도 마찬가지입니다. 최고점에 파는 것은 굉장히 어려운 일이지만, 최고점에 근접한 천장권에서 파는 것은 결코 어렵지 않습니다. 시세를 열심히 연구하는 사람이라면 어디가 바닥권이고, 어디가 천장권인지 꽤 정확하게 예상할 수 있습니다.

고수는 무리하지 않고 최저점에 가까운 바닥권에서 매입하고 최고점에 가까운 천장권에서 팔아 확실하게 이익을 확보하는 사람입니다."

횡보장에서는
잠시 멈춰라

"선생님은 횡보장에서 매매하는 것을 경계하라고 하셨습니다. 티끌 모아 태산이라는 말처럼 횡보장이라도 조금씩 이익을 남긴다면 도움이 되지 않을까요?"

직물 가게를 하는 하나무라 도미오(花村富男)가 질문했다.

"횡보장의 미미한 등락에 따라 매매해서 이익을 취하는 것은 시냇물에서 작은 물고기를 잡고 기뻐하는 것과 같습니다. 횡보장에서 연전연승하더라도 얻는 것은 잔챙이일 뿐입니다. 기껏해야 동전 몇 푼이 모인 정도에 불과하지요. 게다가 장기적으로 보면 횡보장일 때는 적자를 보는 사람이 대부분입니다. 조금 이익을 남기더라도 큰 손실을 낸다면 한 번에 이익을 몽땅 날리고 적자가 돼 버리기 때문입니다.

대어를 낚기 위해서는 큰 강이나 호수, 바다에서 끈기를 갖고 기다려야 합니다. 대어를 낚을 기회는 아주 가끔씩만 찾아옵니다. 인내심을 갖고 기다렸다가 기회가 찾아오면 각오를 단단히 하고 과감하게 매매해야 합니다."

무네히사의 이야기는 계속됐다.

"횡보장에서는 가격이 내리자마자 사고, 가격이 오르자마자 파는 투자법을 적용할 수 있는데, 그렇게 해서 얻는 이익은 한계가 있게 마련입니다. 횡보장은 언제까지고 계속되지 않습니다. 어느 시점까지 지속되다가 상승세나 하락세로 돌아서는 법입니다.

횡보장에 익숙해진 사람은 본격적인 상승세로 돌아서도 금세 가격이 떨어질 것으로 생각하고 조금 올랐을 때 매도했다가 그 후에도 상승장이 계속되면 손가락만 물고 지켜보는 일이 비일비재합니다. 이와 마찬가지로 하락세로 돌아서도 조만간 오를 것으로 생각하고 조금 떨어진 가격에 매수했다가 그 후 대폭 하락세가 이어져 커다란 손실을 떠안기 쉽습니다.

횡보장에서는 시장의 작은 움직임에 이랬다 저랬다 하며 사고팔지 말고 '쉬는 것 또한 투자'라는 생각을 실천하는 것이 현명한 방법입니다."

"눈앞의 작은 등락에 일희일비하지 말고 시세의 큰 흐름을 타는 것이 훨씬 효율적인 투자법이라는 말씀이시군요." 도미오는 고개를 끄덕이며 말했다.

쉬는 것도 투자의 방법이다

"눈앞의 작은 가격 변동에 경거망동하는 것은 초보 투자가들에게서 자주 볼 수 있는 모습입니다. 진짜 고수는 눈앞에서 펼쳐지는 가격의 소폭 등락에는 관심을 기울이지 않고 시세의 큰 흐름만 주시합니다. 현재 시세를 볼 때 본격적인 상승장인가 하락장인가, 아니면 소폭 등락을 거듭하는 횡보장인가, 본격적인 상승장 혹은 하락장이라면 어디쯤이 바닥이고 어디쯤이 천장인가, 현재는 어떤 수준인가 등등을 꼼꼼히 따져 본 후 바닥에 가까울 때 사고, 천장에 가까울 때 판다는 생각만 합니다. 그 밖의 시간에는 투자를 멈추고 절호의 매수 혹은 매도 시점이 올 때까지 진득하게 기다립니다. 이렇게 행동하는 사람은 쌀 투자로 큰 돈을 벌 수 있습니다."

"정말 지당한 말씀입니다. 그러나 바닥에서 사고 천장에서 파는 투자법을 관철하려면 매매할 기회가 굉장히 제한적일 수밖에 없지 않습니까?" 목재상 이와모토 게이타로[岩本圭太郞]가 의견을 내놓았다.

"예리한 지적입니다. 이 투자법의 단점이 있다면 절호의 매수 시점(바닥 가격)과 매도 시점(천장 가격)이 1년에 몇 번 있을까 말까, 경우에 따라서는 몇 년에 한두 번 있을까 말까 하다는 점입니다. 그 이외의 시기에는 사더라도 큰 이익을 남기기는커녕 손해를 볼 가능성이 높습니다. 게다가 쌀 시장의 특성상 대기근 등으로 인해 활황은 5년이나 10년에 한 번 있을까 말까 합니다. 다시 말해 절호의 매수 시점이나 절호의 매도 시점이 올 때까지 기다리는 데 엄청난 끈기가 필요합니다. 이것이 가능한 사람만이 투자로 큰 자산을 일굴 수 있습니다."

"바닥 가격이라고 생각했는데 가격이 더 떨어지거나 천장 가격이라고 생각했는데 가격이 더 오르는 경우가 허다합니다. 그럴 땐 어떻게 해야 할까요?" 이소카가 물었다.

"지금이 바닥 가격, 혹은 천장 가격이라는 생각이 들더라도 한꺼번에 사거나 팔지 말고 몇 번에 나누어 매매하면 큰 실패는 피할 수 있습니다. 매도, 매수 모두 오늘 말고는 기회가 없다는 생각이 들면 마음이 조급해져 매매를 서두르기 쉬운데 그런 마음이 들더라도 사흘 정도 기다려 보십시오. 사흘 정도 시세의 움직임을 냉정히 관찰하다 보면 머리와 가슴이 냉정을 되찾아 지금은 조급하게 사고 팔 때가 아니라고 생각을 바꾸게 되는 경우가 적지 않습니다. 사흘간 기다려도 역시 지금이 아니면 안 된다고 판단된다면 그때 과감하게 매매에 나섭니다. 사흘간 기다리라면 모처럼 찾아온 좋은 기회를 놓쳐 버리는 건 아닌가 해서 조급해하는 사람도 있는데, 설사 좋은 기회를 놓쳤더라도 기회는 얼마든지 다시 찾아오게 마련입니다. 절대로 서두르거나 초조해할 필요 없습니다."

"그런 매매법을 실천한다면 다소 예상이 빗나가더라도 크게 실패하는 일은 없겠군요." 젠베가 맞장구쳤다.

"바닥에서 사고 천장에서 팔면 확실히 돈을 벌 수 있다는 것은 누구나 알고 있지만 이렇게 하는 것이 여간 어려운 게 아닙니다. 거래 환경이 최악인 바닥 가격에서 매수를 하려면 겁이 납니다. 거래 환경이 좋은 천장에서 파는 것 역시 굉장한 용기가 필요합니다. 어떻게 하면 이를 행동에 옮길 수 있을까요?" 쌀 도매상 마쓰다 기하치로[松田喜八郎]가 물었다.

"시세가 바닥일 때는 거래 환경이 최악이라 누구나 무기력해지게 마련입니다. 그럴 때는 저 역시 좀처럼 사고 싶은 마음이 들지 않습니다. 그럼에도 불구하고 바닷물에라도 뛰어들겠다는 마음으로 과감하게 매수에 나서야 합니다.

반대로 시세가 천장일 때는 거래 환경이 굉장히 좋아 누구나 과감해집니다. 그런 때는 좀 더 가격이 오를 것이라는 기대감에 부풀기 때문에 적당히 이익을 취하고 매도에 나서기가 쉽지 않습니다. 그럼에도 불구하고 불구덩이에라도 뛰어든다는 각오로 과감하게 매도로 돌아서야 합니다."

"사기 어려울 때 사고 팔기 힘들 때 파는 것이 거래의 핵심이군요." 젠베가 말했다.

"투자에 성공하기 위해 투자가는 먼저 자기의 약한 마음과 싸워 이겨야 합니다. 시세가 바닥일 때는 거래 환경이 최악이라 어디까지 떨어질지 알 수 없다는 두려움 때문에 좀처럼 사고 싶은 마음이 들지 않습니다. 그런 공포심을 이겨내지 않으면 바닥에서 살 수 없습니다.

천장에서 팔 때도 마찬가지입니다. 천장일 때는 거래 환경이 좋기 때문에 어디까지 오를지 예측할 수 없어 긍정적인 목소리가 시장에 흘러넘칩니다. 누구나 과감해지기 쉬운 환경이지요. 하지만 그럴수록 냉정함을 유지하고 '시세가 더 오를지도 모르지만 언제 하락세로 돌아서더라도 이상하지 않을 상황이니 이 정도 이익에 만족하고 그만두자'라고 생각할 수 있는 냉정함을 가져야 합니다.

그런데 대다수의 사람이 시세가 오르면 오를수록 대담해져서 사고 싶은 마음이 강해집니다. 그리고 시세가 떨어지면 떨어질수록 팔고 싶거나 사고 싶어도 겁이 나 매매에 나설 수 없게 됩니다. 그 결과 천장에 사서 바닥에 파는 최악의 행동을 하는 사람이 적지 않습니다. 이는 돈을 그냥 내다버리는 것이나 다를 바 없습니다.

또 지금은 아직 바닥이 아니라는 것을 알지만 시세가 바닥이 될 때까지 기다리지 못하고 횡보장에서 가격이 소폭 올랐을 때 이익을 챙기는 사람도 있습니다. 횡보장의 소소한 오르내림에 일희일비해 사고 판다면 시세의 전체적인 흐름을 놓치고 거의 도박이나 다를 바 없이 감과 배짱에만 의지하는 투기에 빠져들기 쉽습니다. 그렇게 되면 투자로 큰 이익을 남기기는커녕 오히려 큰 손해를 보고는 '쌀 투자는 어렵다', '나는 쌀 투자에 맞지 않나 보다' 하는 푸념을 늘어놓으며 결국 투자에서 손을 떼게 됩니다."

"그렇군요. 잘 알겠습니다." 기하치로는 고개를 끄덕였다.

투자는 항상 겸허하게

"그 외에 투자자로서 절대 해서는 안 되는 행동에는 어떤 것이 있을까요?" 젠베가 물었다.

"운과 감, 배짱만 믿고 투자에 나서는 사람이 있는데, 이는 돈을 그냥 갖다 버리는 짓이나 다를 바 없습니다. 항해술을 모르면서 배를 탄다면 풍랑을 만나 조난 당할 게 뻔합니다. 산을 전혀 모르는 사람이 높은 산에 오르면 길을 잃고 헤매게 마련입니다. 투자도 마찬가지입니다. 투자가 무엇인지 철저히 파악한 다음 투자에 임해야 합니다. 자칫 잘못하면 돈을 벌려고 시작했다가 오히려 큰 손실을 보고 모든 것을 잃을 수도 있습니다."

"모르는 것엔 함부로 손대지 않는 것이 투자의 철칙이지요." 젠베가 맞장구쳤다.

"절호의 매입 시점, 매도 시점이 아닌데도 사시사철 투자에 손을 대는 사람이 적지 않습니다. 그런 사람들은 어쩌다 운이 좋아 이익을 보더라도 결국 큰 손해를 보고 기껏 모아놓은 재산을 모조리 잃어버리거나, 심지어 막대한 빚을 질 수도 있습니다. 도박에 빠져 살다 보면 십중팔구 재산을 잃게 돼 있습니다.

자기 멋대로 시세를 움직이려는 투자가들도 있는데, 자연의 순리에 어긋나는 행동을 하는 오만한 투자가는 큰 손해를 보고 전 재산을 잃은 채 길바닥을 전전해야 하는 운명이 기다리고 있을 뿐입니다. '하룻밤 다이묘 하룻밤 거지(一夜大名 一夜乞食)'라는 속담이 있는데, 이는 바로 이런 오만한 투자가를 두고 하는 말입니다.

쌀 거래를 할 때 투자가는 항상 겸손해야 합니다. 시세를 좌우하는 것은 자연의 순리이므로 겸허한 자세로 자연의 순리에 귀를 기울이고, 그 가르침에 따라 투자를 하면 거래에서 크게 실패할 일은 없습니다.

물론 순리를 오해해 시세의 움직임과 어긋나게 움직이는 경우도 있는데, 그럴 때는 '시세가 이상한 것이다. 내 판단은 틀리지 않았다'고 쓸데없이 고집을 피울 것이 아니라 순순히 자기 잘못을 인정하고 반대 매매를 해서 손실을 최소화하는 것 또한 투자가로서 중요한 자세입니다."

"그렇군요. 잘 알겠습니다. 유익한 말씀을 해 주셔서 정말 감사합니다." 젠베가 사람들을 대표해서 감사 인사를 전했다.

제1장

수수께끼의 인물 혼마 무네히사

사카타는 물론 도호쿠 지방 최고의 거상이자 일본 굴지의 자산가로 자리 매김한 혼마 가문. 이렇듯 쟁쟁한 혼마 가문에서도 '거래의 신'으로 불리며 추앙받는 혼마 무네히사는 수수께끼 투성이의 인물로, 여러 가지 추측이 난무한다.

❋ ❋ ❋

"혼마님에게는 미치지 못하지만, 적어도 번주님만큼은 되고 싶어라"라는 '속요(민요)'로 유명한 사카타의 거상 혼마 가문. 여기서 말하는 '번주님'은 쇼나이 번[庄内藩]의 번주 사카이[酒井] 가문을 의미한다. 사카이 가문은 도쿠가와 막부에서 로주(老中: 에도 시대 장군 직속의 최고 관직)를 지낸 사카이 다다쓰구[酒井忠次]를 시조로 하는 다이묘 가문으로, 녹봉이 가장 많을 때는 16만 7000석에 이르고, 가장 적을 때조차 12만 석에 달했다. 그런데 이런 노래가 불릴 정도로 혼마 가문은 중견 다이묘인 사카이 가문을 능가할 만큼 엄청난 재력을 자랑했다. 혼마 가문은 당시 사카타에서는 물론 도호쿠[東北] 지방 최고의 거상이자 일본 굴지의 자산가였다. 그 무렵 도호쿠 지방은 오우[奧羽]로 불렸다. 오우는 무쓰(陸奧: 아오모리, 이와테, 미야기, 후쿠시마의 각 현)와 데와(出羽: 야마가타, 아키타 각 현)의 총칭이다.

이렇게 쟁쟁한 혼마 가문에서 '거래의 신'으로 불리며 추앙받는 혼마 무네히사가 등장한다. 쌀 거래에 몰두해 막대한 부를 거머쥔 무네히사가 남긴 투자 비법서인 《무네히사비록(宗久翁秘錄)》《혼마 무네히사 상장삼매전(本間宗久相場三伝昧)》 등은 주식 투자의 필독서로 오늘날까지 계속 읽히고 있다.

무네히사,
출생의 수수께끼

무네히사는 수수께끼투성이의 인물이다.

무네히사는 1717년 데와구니(出羽国: 현재의 야마가타 현 사카타 시)의 대지주 혼마 모토미쓰[本間原光]의 다섯째 아들로 태어났다. 그의 출생에 대해서는 1724년, 1725년에 태어났다는 설이 있는가 하면 23세 때 혼마 가문의 양자가 되었다는 설도 있다. 온라인 백과사전 위키피디아 등에는 "1724년에 태어나 1803년 서거했다"라고 기술돼 있는데, 얼마 전(2009년)까지만 해도 "23세 때 사카타의 부농 혼마 가문의 양자가 되었다"라고 기록돼 있었다. 그런데 현재는 "아버지는 쌀가게 니가타야[新潟屋]의 혼마 모토미쓰"라고 수정돼 있다. 인터넷상의 또다른 정보에 따르면 무네히사는 "1717년 데와구니의 향토 가문 출신으로 옛 이름은 가토 고사쿠[加藤古作]며, 유년 시절 사카타의 거상 혼마 규시로(모토미쓰, 혼마 가 2대 당주)의 양자가 되어 훗날 모토미쓰의 장녀와 결혼했고, 이를 계기로 정식으로 혼마 가문에 입적돼 혼마 고사쿠(무네히사)로 개명했다"고 적혀 있다.

다음으로 그의 나이에 대해 살펴보자.

혼마 가문에 남겨진 《혼마 고사쿠(무네히사) 가계도》에 따르면, 무네히사는 1803년 8월 30일, 87세에 타계한 것으로 돼 있다. 이를 바탕으로 계산하면 1716년(혹은 1717년)에 태어난 셈이다. 1724년에 태어났다면 79세에 타계한 것이다. 태어난 날에 대한 정확한 기록은 남겨져 있지 않지만, 타계한 해에 대해서는 1803년이라는 데 자료가 일치한다. 이를 바탕으로 볼 때 무네히사의 출생 연도는 1716년 혹은 1717년으로 추측된다.

한편 무네히사가 모토미쓰의 양자가 되어 장녀와 결혼했다는 것은 전혀 사실이 아니다. 당시 아이를 낳지 못해 후계자가 없는 명문가에서 양자를 들이는 것은 흔한 일이었다. 혼마 가문에서도 후계자가 없어서 형제의 아들을 양자로 삼아 뒤를 잇게 한 사례를 간혹 찾아볼 수 있지만, 대를 이을 자식이 있는데도 양자를 들인 경우는 없다. 게다가 모토미쓰는 전처와의 사이에 3남 3녀나 두었기 때문에 굳이 양자를 들일 필요가 없었다. 이렇게 대를 이을 자식이 있는데도 무네히사처럼 걸출한 인물을 양자로 맞는다면 모토미쓰가 죽은 후 후계자를 정할 때 불필요한 혼란이 빚어질 우려가 크다. 그런 이유에서 무네히사가 양자로 들여졌다는 것은 불가능한 일이다.

사카타 시가 편찬 출판한 《사카타시사[酒田市史]》에도 "무네히사는 1718년 혼마 가 초대 당주 모토미쓰의 5남으로 태어나 고사쿠, 시게노부, 구마지로, 덴지라는 아명으로 불렸다"라고 적혀 있다. 혼마 가문의 가계도에도 무네히사는 모토미쓰의 5남이라고 돼 있다. 이 점에 대해서는 의문의 여지가 없다.

무네히사가 "모토미쓰의 장녀와 결혼했다"라는 기록 역시 명백히 잘못된 것이다. 모토미쓰의 장녀 오후사는 다마키 긴세키에몬[玉木金石衛門]과 결혼했다가 이혼해 남동생 신주로(新十郎: 시게미쓰) 집안의 양어머니가 되었기 때문이다. 무네히사의 처는 니보리무라[新堀村]의 의사 가토 간세키에몬[加藤勘石衛門]의 딸 미야로, 미야는 무네히사의 형 미쓰토시[光壽]의 처제다. 이러한 사실은 혼마 가문의 가계도와 혼마 가문에 남겨진 자료를 토대로 만들어진 《사카타시사》에 기록으로 남겨져 있다.

그럼 어째서 무네히사 양자설이 떠돌고 있는 것일까? 이에 대해서는 다음과 같은 이유를 생각해볼 수 있다. 1941년 7월에 출판된 《도쿠가와 시대 경제비록전집(德川時代經濟秘錄全集)》에 〈무네히사비록〉이 수록돼 있는데, 거기에 무네히사에 대해 다음과 같이 기술돼 있다.

무네히사는 일명 고사쿠라고 하며, 1717년 쇼나이[庄內] 다가와 군[田川郡] 니보리무라의 가토 가문에서 태어나 어린 나이에 혼마 가문의 양자가 되어 훗날 혼마 가문의 장녀와 결혼했으며, 어린 나이에 아버지를 잃은 의조카 시로사부로[四郎三郎]를 도와 모든 집안일을 처리했다. 4대 당주 시로사부로는 훗날 혼마 가문을 일으킨 미쓰오카[光岡] 옹으로, 그가 복덕을 누리고 명성을 높인 데는 무네히사가 지도 보필한 공이 크다.

이렇게 잘못된 내용이 버젓이 사실로 오인되어 유포되었다. 그렇다면 이 이야기의 어느 부분이 잘못된 것일까?

니보리무라의 가토 가문에서 태어난 사람은 무네히사가 아니라 무네히사의 처 미야다. 무네히사는 가토 가문의 딸 미야와 결혼했을 뿐이다. 무네히사와 미야 사이에는 1남 1녀가 태어났으나 모두 20세가 되기 전에 죽어서 무네히사는 가토 가문에서 미야의 남동생(이노시로, 훗날 고린, 다이토 등으로 불림)을 양자로 맞이했다. 즉 가토 가문에서 혼마 가문의 양자로 들어온 것은 미야의 남동생이지 무네히사가 아니다.

덧붙여 말하면 미쓰오카의 아버지 미쓰토시는 미쓰오카가 23세 때 사망했다. 따라서 "어려서 아버지를 잃은 의조카 시로사부로(미쓰오카)"라는 표현도 잘못된 것이다. 당시 남자의 결혼 적령기는 20세 전후로, 23세는 어엿한 성인으로 대접받았다. 결코 "어려서 아버지를 잃었던" 것이 아니다. 실제로 미쓰오카는 24세에 결혼도 했다. 23세 때 가업을 물려받은 미쓰오카는 쌀 투자에 열중하는 무네히사에게 의절을 선언하고 본가인 혼마 가문에서 추방한 뒤 오랜 세월 서로 왕래하지 않았다. 따라서 무네히사가 보필한 덕분에 미쓰오카가 복덕을 누리고 명성을 높였다는 것도 사실이 아니다. 미쓰오카가 명성을 얻은 것은 순전히 그 자신의 노력 때문이었다.

이렇게 사실과 다른 내용이 1941년에 출판된 《도쿠가와 시대 경제비록전집》에 버젓이 실려 있다. 이 책이 무네히사에 대한 잘못된 정보의 출처일 가능성이 크다. 그러나 《도쿠가와 시대 경제비록전집》에는 양자로 입적된 구체적인 연령에 대한 아무런 언급이 없기 때문에 이 외에도 잘못된 자료가 존재할 가능성이 있다.

잘못된 정보가
퍼져 나간 이유

이렇게 몇몇 복잡한 사정이 뒤얽혀 사실 관계가 충분히 확인되지도 않은 채 잘못된 정보가 유포됐을 가능성이 크다. 오늘날같이 정보 전달 매체가 발달되지 않았던 에도 시대에는 일단 한번 소문이 떠돌면 그 진위를 확인할 방법이 거의 없었기 때문에 잘못된 정보를 그대로 믿을 수밖에 없었다. 그러면《도쿠가와 시대 경제비록전집》의 저자는 어째서 이렇듯 잘못된 사실을 책에 실어 놓은 것일까? 그리고 그런 소문이 떠돌게 된 원인은 무엇일까?

우선 다음과 같은 가능성을 생각해 볼 수 있다. 사카타 혼마 가문의 초대 당주는 혼마 모토미쓰다. 모토미쓰는 사카타 시에 '니가타야'라는 가게를 열어 혼마 가문의 기반을 다진 인물이다. 오미쓰[於光]와 결혼해 장남 미쓰토시, 차남 신시로(新四郎, 미쓰요시로도 불림), 3남 신주로(信十郎, 시계미쓰로도 불림) 외에 세 딸을 두었다. 오미쓰가 일찍 세상을 떠나자 쓰루오카[鶴岡]의 의사 미야모토 다카테쓰[宮本高哲]의 딸 오마쓰[於松]와 재혼해 4남 고마노스케(駒之助, 도시야스로도 불림), 5남 미쓰노부(光信, 무네히사로도 불림)를 두었다. 세 명의 형과 무네히사는 어머니가 달랐기 때문에 그런 오해가 빚어진 것으로 보인다.

게다가 옛날에는 재혼해도 관청에 곧바로 신고하지 않아 호적상 재혼하지 않은 것으로 돼 있는 경우가 적지 않았다. 오마쓰와의 재혼을 신고하지 않아 그녀와의 사이에서 태어난 두 아들 도시야스와 무네히사를 호적상 양자 형태로 두었을 가능성도 있다. 만약 그렇다면 양자로서 정식으로 신고한 것이 무네히사가 23세 때였을 수도 있다. 다만 이 점에 대해서는 증거가 없기 때문에 단정할 수는 없다.

더욱이 미쓰오카는 무네히사를 "형님"이라고 불렀는데, 이 같은 사실도 무네히사가 미쓰오카의 매형이라는 설을 낳은 원인 중 하나다.

　미쓰오카의 아버지와 그의 동생인 무네히사의 나이 차이는 26살이나 되었기 때문에 연령상으로는 형제라기보다 부자지간에 가까웠다. 미쓰토시의 3남 미쓰오카와 무네히사의 나이 차이가 14살인 점을 놓고 봤을 때, 미쓰오카가 숙부인 무네히사를 "형님"이라고 부르는 것도 전혀 어색하지 않았다. 요즘에도 가까운 친척 중에서 나이 차이가 많이 나지 않는 숙부를 형, 숙모를 누나라고 부르는 경우가 있다. 미쓰오카가 무네히사를 형님이라고 부른 것은 그다지 이상한 일이 아니다.

　무네히사는 어린 시절 시게노부, 구마지로, 덴지라는 아명으로 불렸고 그 후 규사쿠, 고사쿠, 구메 등으로 불렸다. 만년에는 계속 무네히사라는 이름을 사용했다. 이렇듯 성장하면서 이름이 여러 차례 바뀌는 것은 당시로선 흔한 일이었는데, 이름이 수차례 바뀐 것도 이 같은 오해를 낳게 된 원인 중 하나일 것이다.

　장남 미쓰토시는 5남 무네히사보다 26살이나 많았기 때문에 무네히사에게 그는 형이라기보다는 아버지 같은 존재였다. 미쓰토시는 어린 시절부터 신동으로 불린 영리하고 성실한 무네히사의 능력을 칭찬하며 그를 특히 귀여워했다.

　또한 모토미쓰에게는 세 명의 딸이 있었는데, 장녀 오후사는 다마키 긴세키에몬과 결혼했지만 얼마 뒤 이혼하고 남동생 신주로 집안의 양어머니가 되었다. 차녀 오키사[於象]는 지주 산세키에몬[三石衛門]과 결혼했다가 1724년에 숨을 거두었다. 3녀 오타쓰[於辰]는 다카오카 고쓰야[高岡惚弥]와 결혼해 1737년에 죽었다. 이 사실을 보더라도 무네히사가 23세에 모토미쓰의 양자가 되어 모토미쓰의 장녀와 결혼했다는 것은 잘못된 기록임에 분명하다.

    이처럼 무네히사는 수수께끼에 둘러싸인 인물로, 여러 가지 추측이 난무한다. 그러나 수수께끼에 둘러싸인 것은 무네히사뿐 아니라 그의 아버지 모토미쓰, 나아가 혼마 가문 전체가 마찬가지다. 특히 모토미쓰는 무네히사보다 훨씬 더 베일에 가려져 있는 인물이다.

제2장

신비의 베일에 둘러싸인 무네히사의 아버지

무네히사는 여러 가지 면에서 수수께끼의 인물이지만, 그의 아버지인 모토미쓰 역시 그에 못지 않게, 의문투성이의 인물이다. 모토미쓰는 정체부터가 모호하다. 모토미쓰는 규에몬의 장남 혹은 차남이라는 설, 지배인이라는 설 등 여러 가지 설이 있지만 모두 진위가 확인된 바 없다.

혼마 가문의
기원과 가계도

혼마 가문의 시조는 946년에 즉위한 무라카미 천황[村上天皇]의 넷째 황자 잇폰시키부쿄(一品式部卿, 다메히라 친왕)다. 혼마라는 성은 사가미노쿠니(相模国: 현재의 가나가와 현) 아이코 군[愛甲群] 에치고혼마[越後本間]에서 유래했다고 전해진다. 혼마 가문은 그 인근에서 살고 있었던 것으로 보인다.

가마쿠라 시대 초기 사도노쿠니의 슈고(守護, 가마쿠라 시대 지방 치안 담당)가 된 오사라기[大仏] 가의 슈고다이(守護代, 가마쿠라 시대 슈고 아래 관직)로서 혼마 요시히사[本間能久]가 사도노쿠니로 건너오면서 사도 혼마 가문이 번성하기 시작했다. 그러다가 분가인 가와라다[川原田] 혼마 가, 하모치[羽茂] 혼마 가, 그리고 본가의 세력 다툼이 벌어져 서로 반목하게 되었다.

그 후 사도의 금광에 눈독을 들인 우에스기 가게카쓰(上杉景勝: 전국시대부터 에도 시대 초기의 무장)가 사도를 공격해 1589년 사도의 혼마 가를 멸하고 만다. 이때 가게카쓰에 대항해 싸운 혼마 가문의 일부는 그 후 우에스기 가문과 함께 에쓰고(越後, 니가타), 아이즈[会津], 요네자와[米沢] 등으로 이주해 정착해 살게 되었다는 설이 유력하다. 오슈히라이즈미[奥州平泉]의 후지와라[藤原] 가가 멸망했을 때 후지와라 가문 일족, 혹은 후지와라 가문의 가신이 사카타로 도주해 혼마 가문을 일으켰다는 설도 있다.

혼마 가문의 후예로 처음 사카타(1600년 이전의 사카타 지역, 모가미 강 남쪽)로 이주한 사람은 혼마 가즈에(本間主計, 미쓰시게)로, 1558년 무렵의 일이다. 가즈에는 무라카미 천황의 넷째 황자 잇폰시키부쿄로부터 20대, 사도로 건너온 혼마 요리쓰나(本間賴綱)로부터는 11대째에 해당하는 인물이다. 그의 아들인 치쿠고(筑後, 가즈에, 다다미쓰)가 사카타 혼초(本町) 2초메로 이전해 가게를 차리고 장사를 시작했다.

그 후에는 사부로자에몬(三郎左衛門, 쓰나미쓰), 쇼자부로(庄三郎, 미쓰모토), 사부로에몬(三郎右衛門, 모토사다), 가즈에(스케사다), 규에몬(久衛門, 미쓰사다, 규자에몬이라고도 함), 규에몬(가즈에)로 이어져 혼마 가문은 대대로 혼초 2초메에서 장사를 했다.

고에몬 대까지 혼마 가문이 어떤 장사를 했는지는 확실히 알려져 있지 않으나 기름 가게 혹은 두부 가게였다는 설이 있다. 아마도 처음에는 두부나 기름, 쌀 등 특정 상품을 취급했지만 차츰 취급하는 상품을 늘려 나가 다양한 상품을 취급하는 도매상으로 발전하지 않았을까 추측된다.

혼마 가문의 위패가 모셔진 보리사는 사카타의 조후쿠지(淨福寺)인데, 조후쿠지의 옛 기록에 혼마 가문의 사람 중 최초로 기재된 것이 사부로자에몬(쓰나미쓰)의 법명으로, 그 이후로 대대로 법명이 이어져 나갔다.

혼마 가문은 규에몬(가즈에) 대에 이르러 크게 발전해 사카타의 유력 도매상으로 구성된 사카타 36인(36人衆) 회원이 된다. 36인은 지역 유력 도매상들이 만든 경제 공동체로, 도매상 조합 혹은 경제 단체 같은 조직이다. 36인에 가입된 명문 도매상은 '오토나(長人, 수장)'라고 불렸다. 가세가 기운 도매상은 36인에서 곧바로 제명되고 새로운 도매상이 그 자리를 채웠다. 36인은 사카타의 각종 정치, 경제 행사나 축제 등에 적지 않은 영향을 미쳤다. 36인 오토나로 뽑힌다는 것은 지역의 유력한 명문 도매상이라고 정식으로 공인받는 것을 의미하기 때문에 굉장히 명예로운 일이었다.

혼마 가문의 사람이 36인으로 선출된 것은 규에몬(가즈에, 훗날 혼마 규자에몬) 대에 이르러서다. 혼마 가문에서 최초로 사카타로 이주한 사람은 가즈에(미쓰시게)고, 36인으로 뽑힌 규에몬은 미쓰시게로부터 8대째다. 다시 말해 혼마 가문은 사카타로 이주해 온 지 8대째가 되어서야 비로소 36인으로 뽑혀 사카타의 유력 도매상으로 인정받은 셈이다. 규에몬의 후계자는 1863년까지 대대로 규에몬이라는 이름을 이어받았으나 그 후의 기록은 가계도에 남겨져 있지 않다. 확실치는 않지만 아마도 몰락한 것으로 보인다.

본가에 해당하는 규에몬의 자손으로 오늘날까지 이어져 내려온 후손은 규에몬의 장남인 시게미쓰의 차남 나카오[仲雄] 계통뿐이다. 나카오는 모토미쓰의 장남인 미쓰토시의 장녀 오사노[於佐野]와 결혼해 1746년에 분가한 후 쓰키누키[突拔]에서 살아서 '쓰키누키의 혼마'라고 불렸다.

혼마가 가계도 1

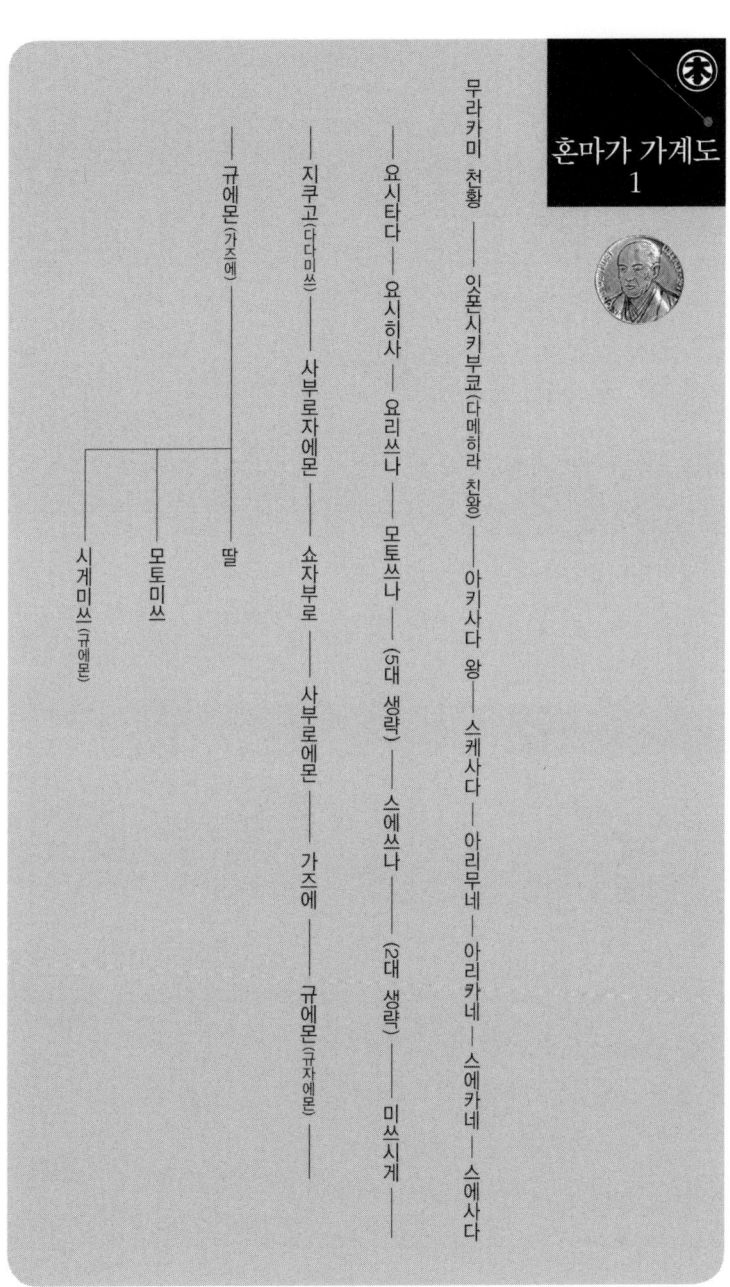

무라카미 천황 ─ 잇폰시키부쿄(다메히라 친왕) ─ 아키사다 왕 ─ 스케사다 ─ 아리무네 ─ 아리카네 ─ 스에카네 ─ 스에사다 ─ 요시타다 ─ 요시히사 ─ 요리쓰나 ─ 모토쓰나 ─ (5대 생략) ─ 스에쓰나 ─ (2대 생략) ─ 미쓰시게 ─ 지쿠고(다다미쓰) ─ 사부로자에몬 ─ 쇼자부로 ─ 사부로에몬 ─ 가즈에 ─ 규에몬(규자에몬) ─ 규에몬(가즈에) ─ 딸 ─ 모토미쓰 ─ 시게미쓰(규에몬)

신비의 베일에 둘러싸인 무네히사의 아버지

우마노스케 ─ 미쓰토시 ─ 미쓰오키 ─ 마고사쿠 ─ 히사오
                            ├ 소고
                            ├ 노리미쓰 (첫 시잉) ─ 기치로 ─ 미쓰오 ─ 게이이치
                            ├ 소스케 (처 케이)
                            ├ 미쓰유키 代人 ─ 미사오 ─ 다케지로 ─ 다카유키
                            └ 딸
곤코·쇼지 ─ 미쓰카즈 ─ 미쓰마사 ─ 미쓰시게(83대) ─ 도모지로
                              ├ 나오시에
                              ├ 미쓰나가(83대)
                              └ 긴고 지시로 代人
미야노 ─ 미쓰오카 장녀 ─ 쇼지 장남 ─ 다이기사 ─ 도모지로 ─ 마코토
         └ 도모사부로·다이기사 ─ 이후 이케다 도하치로로 개명
야주로 ─ 지로시로 ─ 고소 ─ 다시로 ─ 미쓰테루 9남
미쓰하루 ─ 시게토시   ├ 지시로 ─ 미쓰시게 ─ 요시노리 ─ 모토야 ─ 모토스케 ─ 시게루
쇼고로代人 쇼나이 번저 마치노 ─ 지로시로 ─ 시게쓰구 ─ 지로타다   └ 미쓰나가 ─ 코스케 ─ 고타 ─ 쇼사쿠
야라부로   └ 지로모리 ─ 미쓰타카   └ 미쓰시게 동생
도모주로   와타나베 제에몬 4남 ─ 미쓰테루 8남
신토야 원조   쇼고로代人
야시치로
도모하지로 ─ 지로마사 ─ 미쓰히데 ─ 미쓰치카 ─ 미쓰야스 ─ 시게오
                      └ 지로산
신조·시지로 시무쿠라 원조
미쓰요시 ─ 미쓰아키 ─ 미쓰사토 ─ 미쓰쓰구 ─ 구니미쓰 ─ 미쓰요시 ─ 미쓰히로 ─ 미쓰히사 ─ 히사하루
쇼고로代人 쇼나이 번저   미쓰아지 차남   미쓰요시 ─ 미쓰노부 ─ 쓰네스케
신추로 쇼고로代人
쓰루오카 야마타니   미쓰아지 3남
시게토로 ─ 미쓰히데 ─ 미쓰야스 ─ 미쓰아키 ─ 미쓰야스
          ├ 히사우치   료사쿠·기치조
          └ 미쓰히사   구베 서양 학자
고마노스케   히라카타 무라이주 사카타·장녀 사위
          ├ 미쓰미쓰
          └ 미쓰히사 ─ 히로야 ─ 미쓰히코
도시야스 ─ 쇼안
고사쿠·무네히사 이노시로 모쿠·소세키
미쓰노부 ─ 곤린 ─ 미쓰카제 ─ 미쓰노리 ─ 미쓰치카 ─ 고타로 ─ 모토오
네기시 혼마 원조 代人

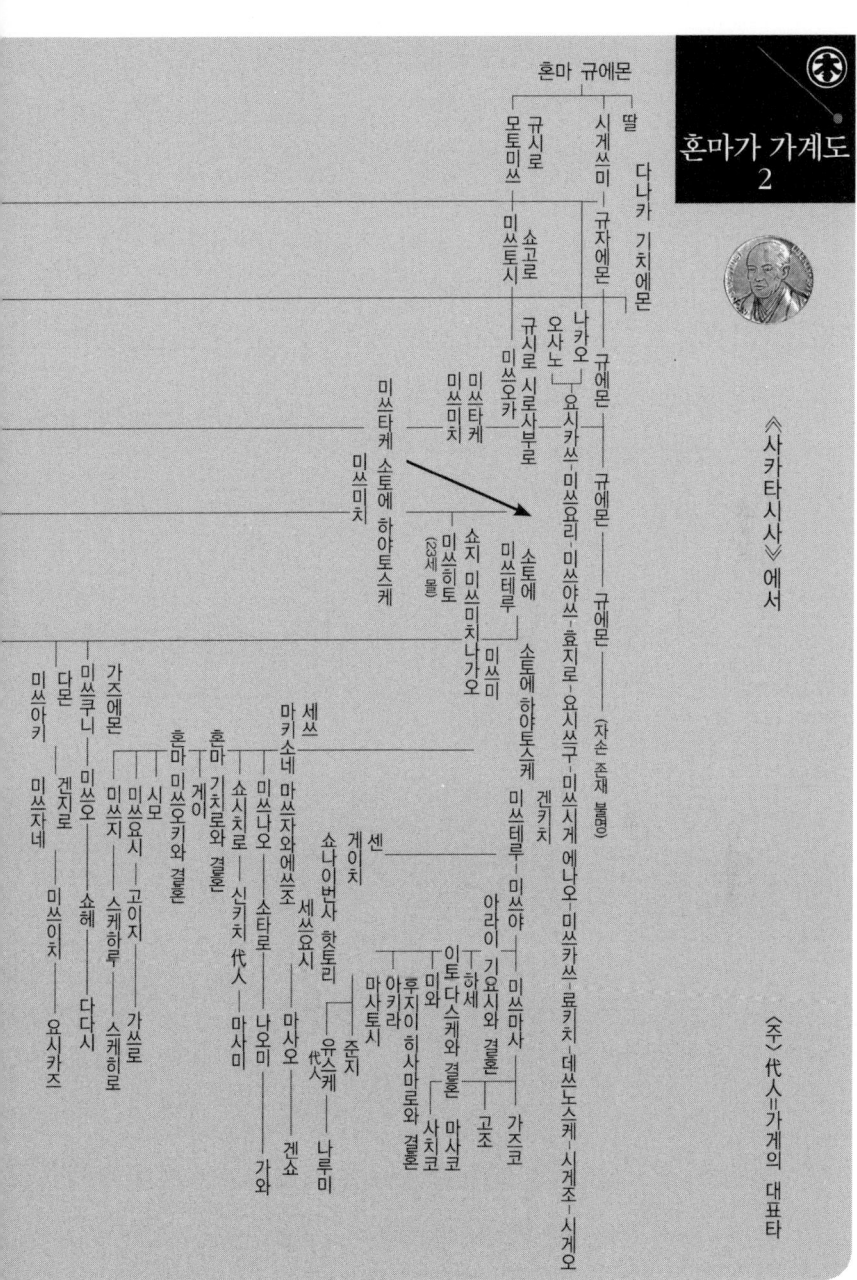

045
신비의 베일에 둘러싸인 무네히사의 아버지

친척도 헷갈리는
진짜 혈통

혼마 가문의 가계도에 따르면, 규에몬(가즈에)에게는 아들 두 명과 딸 한 명 모두 세 명의 자식이 있었다. 본가의 대를 이은 사람은 시게미쓰다. 모토미쓰는 분가해서 사카타 혼초 1초메에 니가타야라는 가게를 열었다. 규에몬에게는 누나가 있었다. 누나는 아사노 기치베[淺野吉兵衛]와 결혼했다가 사별하고 어린 아들 규스케를 데리고 친정인 혼마 가문으로 돌아왔다. 혼마 가문의 역사는 이렇게 오래되었는데도 혼마 가문에서는 모토미쓰를 사카타 혼마 가문의 1대 당주로 보고 있다. 이것이 혼마 가문의 최대 수수께끼다.

그 이전의 가계도가 남겨져 있는데도 혼마 가문에서는 어째서 모토미쓰를 혼마 가문의 1대 당주로 보는 것일까? 물론 혼마 가문의 시조를 찾기 위해 무라카미 천황까지 거슬러 올라간다면 그것은 가계도상으로만 확인할 수 있는 정보일 뿐, 사카타의 혼마 가문이 무라카미 천황의 자손이라는 확실한 증거는 없다. 그렇다면 사카타에 처음 이주해 온 가즈에(미쓰시게)를 1대로 보는 것이 타당하지 않을까? 이 경우 모토미쓰는 9대가 된다. 그럼에도 불구하고 모토미쓰를 1대로 보는 것은 그의 아버지로 알려진 규에몬과 모토미쓰 사이에 혈연관계가 없고, 모토미쓰는 규에몬 밑에서 일하던 사람, 즉 지배인이 아니었을까 하는 의문이 들게 한다.

모토미쓰는 바로 '데와의 덴구(出羽の天狗, 데와 지역의 덴구란 뜻으로, 귀신 같은 재주를 가진 사람, 즉 투자의 귀재라는 뜻)'로 불린 에도 시대의 천

재 투자가 무네히사의 아버지다. 혼마 가문은 실로 베일에 둘러싸인 명문 대부호이며, 무네히사 역시 여러 가지 면에서 수수께끼의 인물이지만, 그의 아버지인 모토미쓰 역시 그에 못지않게, 아니 그 이상으로 의문투성이의 인물이다.

모토미쓰는 정체부터가 모호하다. 모토미쓰는 규에몬(처음에는 규자에몬이라고 불림)의 장남 혹은 차남이라는 설, 지배인이라는 설 등 여러 가지 설이 있지만 모두 진위가 확인된 바 없다. 확실한 것은 모토미쓰가 1689년 16세의 나이에 본가인 혼마 가문에서 분가해 사카타 시 혼초 1초메에 니가타야라는 가게를 열었다는 사실이다. 당시 장남이 분가한다는 것은 어지간한 사정이 있지 않고서는 불가능한 일이었기에 모토미쓰는 차남 혹은 지배인이었을 가능성이 높다.

규에몬은 정확한 내용이 알려지지 않은 사건에 연루돼 1년 감옥형을 언도받았다. 감옥에 갇힌 그를 대신해 가게를 꾸려 나간 인물이 16세의 모토미쓰였다. 모토미쓰는 타고난 수완을 발휘해 2만 냥을 벌어들였고, 형을 마치고 돌아온 규에몬에게 모든 수익금을 건넸다. 규에몬은 크게 기뻐하며 그중 1만 냥을 모토미쓰에게 주어 분가시킨다. 이 일로 미루어 볼 때 모토미쓰는 규에몬의 가게에서 일하던 고용인이었을 가능성이 매우 높다. 모토미쓰가 규에몬의 장남이라면 분가시키는 것이 불가능하고, 차남이라면 규에몬이 1년 감옥형을 받은 동안 장남인 시게미쓰를 제쳐 두고 차남인 모토미쓰에게 경영을 맡긴다는 것을 이해하기 어렵다. 가업을 물려받을 사람은 시게미쓰이기 때문에 규에몬이 없을 때는 일을 가르치기 위해서라도 시게미쓰에게 가게의 경영을 맡기는 것이 당연하기 때문이다. 차남이 장남보다 뛰어났기 때문에 가게를 맡겼다면 대를 잇는 것도 장남이 아닌 차남이었어야 한다. 이렇게 생각하면 모토미쓰는 규에몬의 장남이나 차남이 아니라 고용인이라고 보는 게 가장 타당하다.

그런데 혼마 가문의 가계도에는 모토미쓰가 규에몬의 장남으로 돼 있다. 또한 혼마 가문과 인척 관계에 있는 네즈야[根津屋]의 기록에 따르면 규에몬의 장녀가 네즈야로 시집갔고 규에몬의 장남은 규에몬(시게미쓰), 차남은 규시로(모토미쓰)라고 되어 있다. 이렇게 혼마 가문과 지극히 가까워서 혼마 가문의 사정을 잘 아는 친척 집안에 남겨진 자료를 보아도 장남설과 차남설이 모두 존재한다. 사카타시가 편찬한 《사카타시사》 상권에는 "여러 가지 설이 있지만, 모토미쓰는 차남으로 태어나 16세에 분가했다는 설이 타당한 것으로 보인다"고 차남설을 지지하는 언급이 나와 있다.

한편 메이지 시대에 발간된 《혼마 무네히사 옹 약전(本間宗久翁略伝)》에는 "모토미쓰는 가산을 늘려 분가한 사토라는 지배인"이라고 기록돼 있다. 혼마 가문의 일족이 남긴 자료인 혼마 노부주로 계의 《광태문지선자(光泰聞之先子)》도 모토미쓰가 고용인이라는 설을 취하고 있다. 이 자료에 따르면 "모토미쓰는 에쓰고쿠니 니가타에서 출생해 데와쿠니 사카타의 혼마 규에몬의 가게에 기거하며 탁월한 수완을 발휘했다. 규에몬이 어떤 사건으로 말미암아 1년 감옥형에 처해져 자리를 비운 사이 재기를 발휘해 2만 냥의 이익을 거두어 들였다. 규에몬이 풀려나 돌아오자 벌어들인 돈을 모두 내놓았고, 그의 성실함에 감동한 규에몬이 그 절반을 내줘 혼초 1초메로 분가시켰다"라고 기록돼 있다. 이것은 혼마 가 사람이 남긴 기록인 데다 객관적인 사실 관계가 일치해 굉장히 신빙성이 높다. 분가해 사카타에서 연 가게에 니가타야라는 이름을 붙인 것은 니가타 출신인 모토미쓰에겐 지극히 당연한 일이었다.

그러면 어째서 장남설, 차남설, 고용인설 등 여러 가지 추측이 난무하는 것일까? 명문 혼마 가문의 후계자가 고용인이라면 정통성에 문제가 제기될 수 있기 때문에 어떻게든 장남 혹은 차남으로 정리해 두자는 분위기가 혼마 가문 내부에 은연중 형성되었을 것으로 추측된다.

혼마 가문에서는 모토미쓰를 사카타 혼마 가문의 1대 당주로 보고 있는데, 모토미쓰가 규에몬의 장남이나 차남이라면 그를 1대 당주로 보는 것은 매우 부자연스럽다. 규에몬이 모토미쓰의 아버지라면 사카타에 처음 이주한 가즈에(미쓰시게)를 1대 당주로 삼든지, 사카타 36인에 들어간 규에몬을 초대 당주로 삼는 것이 합당하다. 어째서 그렇게 하지 않았을까?

모토미쓰가 본가에서 분가했기 때문에 본가를 중심으로 만들어진 기존 가계도에 분가를 덧붙이는 것이 부자연스러워 분가의 혼마 모토미쓰를 초대 당주로 삼았다고 추측해 볼 수도 있다. 분가는 사업을 크게 발전시켜 일본 굴지의 거상, 대지주가 된 데 비해 본가 혈통에 해당되는 규에몬의 자손은 점점 가세가 기울어 5대에 혼마 가문의 가계도에서 사라진다. 이처럼 분가가 번성하고 본가가 몰락했기 때문에 옛날의 본가와 구별하기 위해 분가한 모토미쓰를 새로운 본가의 초대 당주로 삼았다는 것도 전혀 불가능한 이야기는 아니다.

모토미쓰,
규에몬의 지배인?

또 하나의 이유로 생각해 볼 수 있는 것은 모토미쓰가 혼마 가문의 피를 이어받은 인물이 아니라 규에몬 밑에서 일하던 지배인이었기 때문이 아닐까 하는 점이다. 그렇다면 고용인이 어떻게 혼마의 성을 쓰면서 본가인 혼마 가문에서 분가할 수 있었을까? 자신이 없는 동안 2만 냥이나 벌어들인 모토미쓰의 타고난 장사 수완은 물론 번 돈을 몽땅 내놓은 성실함에 감격해 규에몬이 혼마 성을 쓰도록 허락하고 1만 냥을 주어 분가시킨 것은 아닐까?

그런데 당시 1만 냥은 현재 화폐 가치로 환산해 보면 얼마나 될까? 일본은행 금융연구소 화폐박물관의 자료에 따르면 쌀 가격을 바탕으로 환산한 1냥의 가치는 에도 시대 초기에는 10만 엔, 중후기에는 3만~5만 엔, 막부 말기에는 3000~4000엔이다. 1689년은 에도 시대가 열린 지 86년이 지난 시점으로, 초기에서 중기로 접어들 무렵이다. 그렇다면 당시 2만 냥은 6억~10억 엔에 상당하는 셈이니 실로 어마어마한 금액이 아닐 수 없다. 그런데 모토미쓰는 이렇게 큰 돈을 어떻게 벌어들일 수 있었을까?

모토미쓰가 분가한 1689년 전후의 역사를 살펴보면 1687년에 동물 살상 금지령이 내려졌고, 1688년에 오사카 도지마에 미곡 거래소(막부 말 공인됨)가 세워졌다. 또한 청나라, 네덜란드와의 통상이 활발히 이루어진 시기이기도 하다. 이런 상황에서 1년 동안 거금을 벌어들였다면 쌀 투자로 성공했을 가능성이 가장 크다.

고용인설을 부정하는 연구자들은 모토미쓰가 당시 16세에 불과했기 때문에 "아무리 장사 수완이 뛰어났더라도 그렇게 어린 나이에 2만 냥이나 되는 큰돈을 벌어들일 수 있었겠는가? 매우 의심스럽다" 등등의 이유로 반박한다.

그러나 장남설이나 차남설은 고용인설 이상으로 근거가 부족해 설득력이 떨어진다. 당시 귀족이나 무사들은 12~16세 때 성인식을 치르고 어엿한 성인으로 인정을 받았다. 게다가 그 무렵 고용인은 10세 전후의 어린 나이에 견습생으로 들어가 엄격하게 훈련을 받았기 때문에 요즘의 16세와는 비교할 수 없을 만큼 성숙하고 장사 감각도 뛰어났다. 장남이나 차남은 집안의 보호를 받으며 응석받이로 자라기 때문에 16세 때 장사 감각을 발휘하기란 어려운 일이다. 실제로 혼마 가문 '중흥의 원조'로 불리는 미쓰오카가 수련을 받기 위해 나라야로 떠난 것은 19세, 가업을 물려받은 것은 23세였다. 아마도 19세까지는 뒤를 이을 후계자로서 금이야 옥이야 보살핌을 받으며 조금의 부족함도 없이 자랐을 것이다.

아무리 명석하고 장사 감각이 탁월했더라도 수련 받지 않은 채 16세의 어린 나이에 가게를 물려받았더라면 미쓰오카가 모토미쓰만큼 큰일을 해낼 수 있었을지는 의문이다. 이보다는 어렸을 때부터 수련생으로 일하며 힘든 훈련을 쌓아 왔기에 불과 1년 만에 2만 냥이나 되는 거금을 벌어들일 수 있었다고 보는 것이 타당하다. 그렇다고 해도 2만 냥은 1년 만에 벌어들인 금액 치고는 너무 큰 금액이다. 모토미쓰의 위엄을 높이기 위해 숫자가 과장되었다고 보아야 한다.

고용인설을 뒷받침하는 또 다른 이유로 모토미쓰가 분가해서 독립할 때 규에몬의 누나가 함께 분가해 미쓰모토의 양어머니가 됐다는 점을 생각해 볼 수 있다. 규에몬의 누나는 아사노 기치베에게 시집갔으나 남편이 먼저 세상을 떠나는 바람에 어린 아들 규스케를 데리고 친정으로 돌아왔다. 그런데 그 아이도 얼마 지나지 않아 1684년 사망하고 만다. 양어머니의 생년월일, 나이, 이름 등은 기록이 남아 있지 않으나 어린아이를 데리고 친정으로 돌아왔다는 것을 보면 매우 젊은 나이였을 것으로 생각된다. 에도 시대의 평균 결혼 연령은 남자의 경우 20세 전후, 여자의 경우 10대 중반이었다. 당시에는 20세 미만에 결혼하는 여자가 많았기 때문에 양어머니는 아마도 20대 초반이나 20대 중반, 혹은 30세 미만쯤 친정으로 돌아왔을 것이다. 당연히 동생인 규에몬은 누나보다 더 어렸다. 따라서 16세였던 모토미쓰가 규에몬의 친자로 장남이나 차남일 가능성은 굉장히 낮다. 당시 남자의 평균 결혼 연령을 감안할 때 채 30세가 되지 않았을 규에몬에게 16세의 아들이 있을 거라고는 생각하기 어렵다. 규에몬의 친아들 시게미쓰는 모토미쓰보다 훨씬 어렸다. 그렇기 때문에 1년간 감옥에 갇혀 지낸 규에몬을 대신해 모토미쓰가 가게를 꾸려 나가게 된 것이다.

참고로 당시 농가의 평균 수명은 남자의 경우 38.8세, 여자의 경우 35.7세였다. 특히 유아기 사망률이 높아서 20세까지 생존한 사람은 평균 60세까지 살았다고 한다. 혼마 가문의 사람이 대부분 평균 연령을 크게 웃돌 정도로 장수한 것은 경제적으로 풍요로운 삶을 누렸기 때문으로 보인다. 그렇지만 이런 혼마 가문에도 20세 미만에 사망한 아이, 특히 유아기에 사망한 아이가 결코 적지 않다.

규에몬의 누나, 즉 모토미쓰의 양어머니는 1691년 세상을 떠났고, 규에몬은 1701년 타계했다. 혼마 가문에는 이 두 사람이 몇 년에 타계했다는 기록은 있지만 몇 년에 태어나 몇 살에 죽었다는 기록은 남겨져 있지 않다. 그런 기록이 있다면 모토미쓰가 규에몬의 친아들인지, 아니면 고용인인지 보다 분명해졌을 것이다. 모토미쓰 장남설을 주장하는 혼마 가문으로서는 모토미쓰가 고용인이라는 사실이 밝혀지면 곤란하기 때문에 자료에서 그에 대한 기록을 일부러 삭제해 버렸을 가능성도 있다.

모토미쓰 장남설 혹은 차남설을 수용하더라도 규에몬에게는 자식이 세 명밖에 되지 않는다. 모토미쓰가 고용인이라면 자식은 두 명밖에 없는 셈이다. 규에몬(가즈에)의 아버지 규에몬(소케)은 자식을 1남 1녀 둘만 남기고 1663년에 타계했다. 에도 시대의 평균 자녀 수가 다섯 명인 점을 감안하면 혼마 규에몬 일족은 자녀가 적은 편이다. 한편 모토미쓰는 5남 3녀로 자식을 여덟 명이나 두었다. 장남인 미쓰토시도 6남 5녀로 열한 명의 자식을 남겼다. 자손이 귀했던 집안이 모토미쓰 때부터 갑자기 다산 집안으로 변모한 것도 혈통의 단절을 느껴지게 하는 부분이다.

모토미쓰가 고용인이라면 규에몬의 누나를 모토미쓰의 양어머니로 삼아 함께 분가시킨 의미를 이해하기 쉽다. 일개 고용인일 뿐인 그에게 혼마 가문의 성을 쓰게 하는 데는 혼마 가문 사람을 양어머니로 삼는 것이 가장 손쉬운 방법이었을 것이다. 양어머니가 혼마 가문의 사람이니 고용인인 그가 혼마 가문의 사람임을 자처해도 혼마 가문이나 세상 사람들이 이의를 제기하기 어려웠다. 이런 목적이 아니더라도 젊은 모토미쓰의 의논 상대가 되어 줄 사람으로 어머니를 대신할 만한 대찬 여성을 함께 분가시켰다고 볼 수도 있다.

사실 규에몬의 누나로서도 남동생이 실권을 장악한 친정에 돌아와 여기저기 눈치를 보며 살기보다는 젊은 모토미쓰의 양어머니로서 가게 일을 돕는 것이 훨씬 보람 있었을 것이다. 여하튼 부지런한 양어머니의 훌륭한 '내조' 덕분에 모토미쓰의 니가타야는 더욱 발전할 수 있었다. 그러나 그녀는 분가한 지 2년 후인 1691년 7월 사망하고 만다.

사카타 혼마 가문에서 모토미쓰를 초대 당주로 삼은 것은 그 이전의 혼마 가문과는 혈통이 다르기 때문이 아닐까.

이처럼 모토미쓰를 규에몬의 장남이나 차남으로 보면 여러 가지 모순이 생기지만, 고용인설을 취하면 많은 모순이 해결된다.

모토미쓰, 규에몬의 장남 혹은 차남?

모토미쓰가 규에몬의 장남, 차남이라는 설이 끊이지 않고 제기되는 이유는 무엇일까? 그것은 혼마 가문의 가계도에 모토미쓰가 규에몬의 장남이라고 씌어 있기 때문이다. 혼마 가문의 친척뻘인 네즈야의 기록에는 모토미쓰가 규에몬의 차남이라고 씌어 있다. 혼마 가문, 그리고 혼마 가문과 굉장히 가까운 친척인 네즈야의 기록이 장남설과 차남설로 갈리는 것은 왠지 석연치 않은 느낌을 준다.

또 한 가지, 다음과 같은 점을 생각해 볼 수 있다. 어렸을 때 니가타에서 사카타로 건너와 규에몬 가게의 점원으로 일해 온 성실하고 부지런하고 영리하며 장사 수완이 뛰어난 모토미쓰를 규에몬이 자기 자식처럼 아껴 친자식과 다름없이 키웠을 가능성이 있다. 그래서 장남인 시게미쓰에게 무슨 일이 생길 경우에 대비해 모토미쓰를 양자로 삼아 뒤를 잇게 했을 수도 있다. 어쩌면 규에몬은 모토미쓰를 정말 자기 자식처럼 여겨 주위 사람들이 물어봤을 때 "모토미쓰는 내 아들"이라고 자랑스럽게 이야기하지 않았을까? 그 모습을 보고 주위 사람들이 모토미쓰를 규에몬의 친자식으로 생각했을 수도 있다. 그러나 규에몬은 결국 친아들인 시게미쓰에게 가업을 물려주고 모토미쓰를 분가시켰다.

모토미쓰의 후손 입장에서는 분가한 후 본가를 훨씬 능가할 만큼 가문을 일으킨 모토미쓰를 혼마 가문의 초대 당주로 삼아 본가와 구분하면서도 모토미쓰에게 무라카미 천황을 시조로 하는 혼마 가문의 피가 이어져 내려오고 있으며 그가 혼마 가문의 적통임을 강조하기 위해 가계도에 모토미쓰를 규에몬의 장남으로 적어 넣었을 수도 있다.

자긍심이 대단한 혼마 가문 사람들은 지배인일지라도 일개 점원에 불과한 모토미쓰가 혼마 가문의 번영의 초석을 다졌고, 혼마 가문의 초대 당주가 되는 데 심리적으로 적잖은 거부감을 가졌을 것이다. 그래서 혼마 가문에서는 모토미쓰가 규에몬의 장남인지 차남인지 혹은 고용인인지에 대해 명확한 답을 제시하지 않고 후세 연구자들의 판단에 맡기기로 한 것이리라. 혼마 가문 사람들도 어느 설이 정확한지 현재로선 알기 힘들지만 말이다.

모토미쓰의 자제들

탁월한 장사 수완을 지닌 성실한 모토미쓰는 양어머니의 내조 덕분에 니가타야를 순조롭게 운영해 혼마 가문의 초석을 쌓아 올렸다. 니가타야는 쌀 도매 외에 여러 가지 상품을 취급하는 상사 업무, 돈을 빌려 주는 금융업 등으로 사업을 폭넓게 확장해 나갔다. 사카타 등지에서 수확한 쌀을 간사이[關西] 지방에서 판매하고, 간사이 지방에서 포목, 약, 헌옷, 염색물, 면, 목면, 이불, 종이, 돗자리, 철물, 부채 등을 사들여 니가타야에서 판매했다. 주요 거래처는 오사카의 고야마야[小山屋], 교토의 고가타나야[小刀屋], 반슈의 나라야 등이다. 장사는 날로 번창해서 1694년 도조(土藏, 흙벽으로 된 물품 보관 창고)를 지을 정도였다.

모토미쓰는 1707년 산노구(山王宮, 아키타에 있는 신사)의 신숙(神宿)을 맡았으며, 36인에도 선출되었다. 니가타야는 날로 번창해 본가인 규에몬을 뛰어넘을 정도로 사카타의 유력 도매상으로 자리 매김했다.

모토미쓰가 결혼한 시기나 나이에 대해서는 정확한 기록이 남겨

저 있지 않지만, 대략 양어머니가 사망한 뒤라고 한다. 모토미쓰는 하야시 이치자에몬(林市左衛門)의 딸 오미쓰와 결혼해서 슬하에 3남 3녀를 두었다. 장남 미쓰토시, 차남 신시로(미쓰요시), 3남 신주로(시게미쓰), 그리고 세 명의 딸을 두었다. 오미쓰는 1706년 10월, 29세의 젊은 나이에 죽고 만다. 그 후 모토미쓰는 쓰루오카의 의사, 미야모토 다카테스의 딸 오마쓰와 재혼해 4남 도시야스와 5남 무네히사 두 아들을 낳는다. 이렇게 해서 모토미쓰는 모두 5남 3녀의 많은 자녀를 두었다.

모토미쓰는 67세에 사망했는데 죽기 몇 년 전 장남 미쓰토시에게 가업을 물려주었다. 그때 차남, 3남은 분가 독립시키고 4남은 의사가 되게 했다. 그리고 두뇌가 명석해 어릴 때부터 신동으로 불린 5남 무네히사는 장남의 보좌역으로 삼아 병약한 장남 미쓰토시의 일을 돕도록 했다.

유달리 총명했던 무네히사는 어렸을 때부터 아버지 모토미쓰의 기대를 한몸에 받았다. 모토미쓰는 1733년 쇼나이 번의 가로(家老: 에도 시대 다이묘의 으뜸 가신으로 정무를 도맡던 직책) 사카이 요시노스케(酒井吉之充) 곁에서 일을 배울 수 있도록 16세의 무네히사를 에도에 보냈다. 장사는 물론 사회 공부를 시키기 위해서였다. 이때 무네히사는 활기 넘치는 에도의 모습을 보며 거상이 되겠다는 꿈을 갖게 된다. 그리고 언젠가는 에도에서 자신의 포부를 펼치겠다고 마음속으로 다짐했다.

4남 도시야스는 대대로 의사 집안인 외가의 뒤를 이어 의사가 되기 위해 교토로 수련을 떠났다. 미쓰모토는 도시야스와 동행해 교토와 오사카에서 2년간 생활했다. 이때 간사이 지방의 거래처를 돌아보며 많은 정보를 모았는데 장남 미쓰토시나 분가해서 장사를 하던 차남 미쓰요시, 3남 신주로에게 편지로 정보를 알려 주곤 했다. 이렇게 모토미쓰는 장사뿐만 아니라 자녀 교육에도 열성이었다.

1731년 모토미쓰는 장남 미쓰토시에게 가업을 물려주고 자식들에게 유산을 나눠 주었다. 유산 상속 내역을 살펴보면 차남 요시미쓰와 3남 신주로에게 각각 300냥, 4남 도시야스와 5남 무네히사에게 각각 100냥, 은거할 자신을 위해 200냥을 분배하고 남은 1551냥은 장남 미쓰토시에게 상속했다.

모토미쓰의 가르침과 혼마 가문의 가훈

모토미쓰는 자식들에게 다음과 같은 유훈을 남기고 세상을 떠났다. "태평성대에 태어나 편안히 가업을 꾸려 나가고, 어려움을 겪지 않고 부모처자와 생활할 수 있었던 것은 모두 주군 덕분이다. 모쪼록 의를 중히 여겨 조금이라도 자금에 여력이 있으면 1만 분의 1이라도 그에 보답해야 한다. 자손들에게도 이를 철저히 가르쳐 그 뜻을 이루도록 하라."

혼마 가문이 대대로 사회사업에 주력하고 번주에게 거액의 자금이나 쌀 등을 제공해 번의 재정을 재건하는 데 성심성의껏 협력한 것은 모토미쓰의 가르침이 대대로 이어져 내려왔기 때문이다.

이 밖에도 혼마 가문에는 다음과 같은 가훈이 전해지고 있다.

하나, 황실을 숭앙하고, 신불을 신앙할 것.
하나, 자선에 뜻을 두고, 음덕을 중히 여길 것.
하나, 국가 지방 향리를 위해 전력을 다할 것.
하나, 늘 검소하며, 근검을 미덕으로 삼을 것.
하나, 교육은 문무양도에 힘쓰며, 오로지 충효를 중히 여길 것.
하나, 부호 집안과의 결연을 허하지 말 것.
하나, 당주 또는 후계자는 상속 전후 반드시 전국을 순회할 것.
하나, 술을 삼가며, 축첩을 허하지 말 것.
하나, 사무는 일가일문(一家一門)으로 분담할 것.
하나, 투기 사업에 종사하지 말 것.

모토미쓰가 자식들에게 남긴 유훈에는 이 같은 가훈이 구체적으로 표현돼 있다. 누가 언제 이 가훈을 만들었는지 정확히 알려지진 않다. 가이안지(海晏寺)의 우미야마치몬(海山智門) 주지가 만들어 혼마 가문의 4대 당주인 미쓰미치에게 전했다는 설도 있는데, 사실 여부는 밝혀지지 않았다. 어찌 됐든 혼마 가문에 대대로 전해져 내려오는 봉사 정신, 강한 신앙심, 근검절약 정신과 성실함을 엿볼 수 있다. 이 가훈이 혼마 가문 사람들의 삶의 근간을 이루었음은 쉽게 미루어 짐작할 수 있다.

제3장

투자가 혼마 무네히사의 탄생

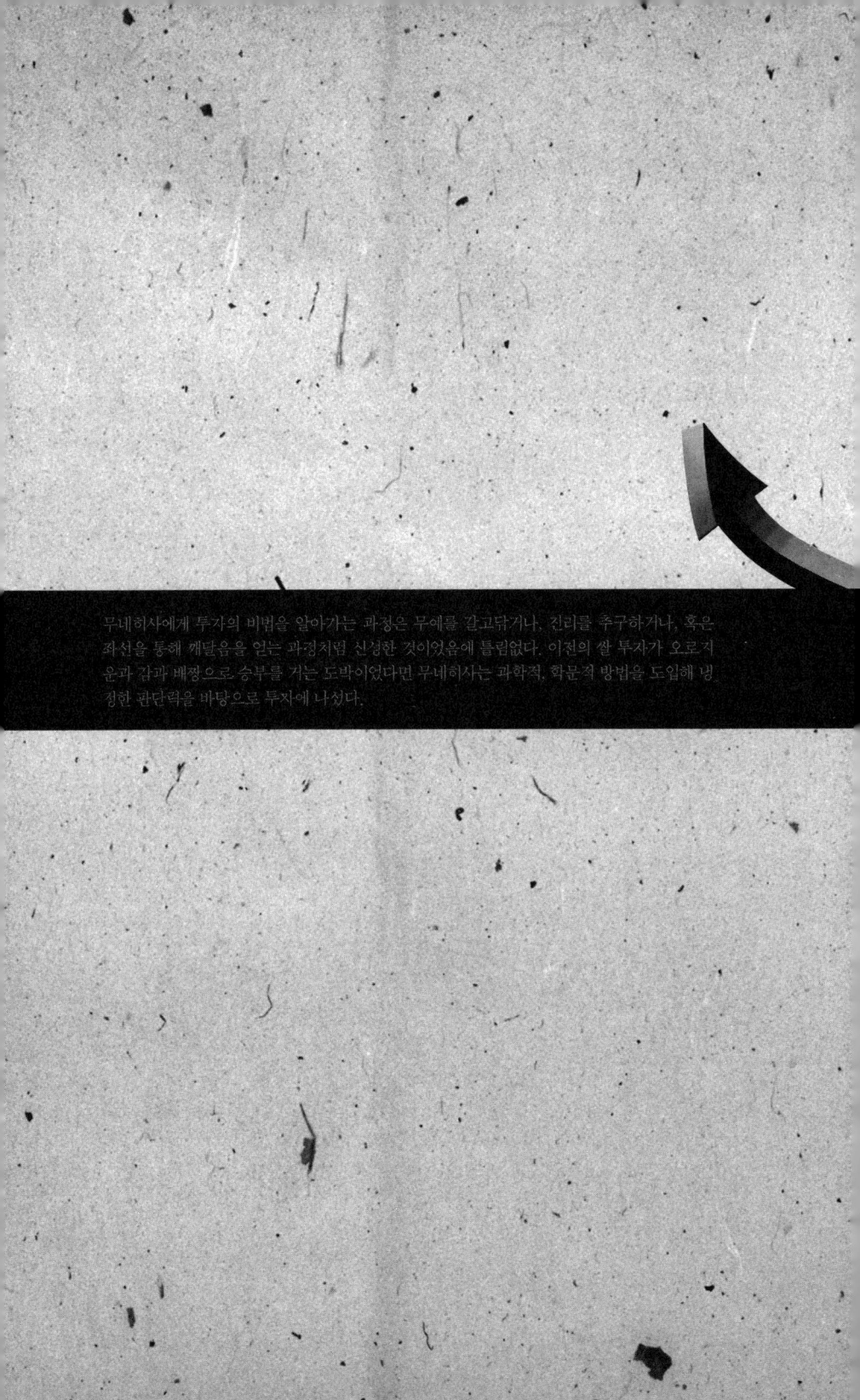

무네히사에게 투자의 비법을 알아가는 과정은 무예를 갈고닦거나, 진리를 추구하거나, 혹은 좌선을 통해 깨달음을 얻는 과정처럼 신성한 것이었음에 틀림없다. 이전의 쌀 투자가 오로지 운과 감과 배짱으로 승부를 거는 도박이었다면 무네히사는 과학적, 학문적 방법을 도입해 냉정한 판단력을 바탕으로 투자에 나섰다.

무네히사,
혼마 가를 위임받다

모토미쓰는 니가타야를 창건하고 이를 크게 번창시켰으며, 5남 3녀로 모두 여덟 명이나 되는 자식들을 훌륭히 키우고 1740년 67세의 나이로 타계했다.

장남 미쓰토시가 뒤를 이어 혼마 가문(니가타야)의 2대 당주가 된 것은 모토미쓰가 타계하기 10년 전인 1731년, 미쓰토시가 40세 때였다. 미쓰토시가 물려받은 니가타야는 순조롭게 번창해서 전답을 늘려 나가는 한편 재정난에 빠진 번에 120냥을 기부하고 쌀 1200섬을 헌납해 번으로부터 70섬의 녹미를 영구 부여받았다. 1743년에는 사카타 산노마쓰리[山王祭り]의 신숙을 맡는 등 지역 명문으로서 역할을 다했다.

미쓰토시에게는 모두 6남 5녀가 있었으나, 장남은 어려서 죽고, 차남도 15세 때 병사했다. 1732년에 태어난 3남 미쓰오카(아명은 히사하루, 도모지로라고도 불렸고, 번의 무사인 번사[藩士]가 된 후에는 시로사부로라고 했음)가 혼마 가문의 3대 후계자가 된다. 4남은 미쓰하루(도모사부로), 5남은 도모주로(도모주로, 야사부로), 6남은 시게노조(도모하치로, 야시치로)다.

장녀 오사노는 본가 규에몬의 아들인 시게미쓰의 차남 나카오와 결혼했다. 만일 모토미쓰가 규에몬의 장남 혹은 차남이라면 아주 가까운 혈연인 사촌끼리 결혼한 셈이다.

미쓰토시는 60세가 된 1750년, 후계자인 3남 미쓰오카(당시 19세)를 반슈 히메지(현재의 효고 현 히메지 시)의 나라야로 수련을 보낸다. 나라야를 경영하던 사람은 바바 곤베[馬場權兵衛], 일명 바바 료카[馬場了可]라는 상인으로, 긴키 지방의 유학자에게 원조를 해 주었을 뿐만 아니라 그 자신도 유학자였다. 그런 까닭에 미쓰오카는 상도를 배우는 한편 유학도 익힐 수 있었다. 유교는 인, 의, 예, 지, 신이라는 덕성을 닦음으로써 오륜(부자, 군신, 부부, 장유, 붕우) 관계를 바르게 정립하려는 학문이다. 주자학은 유교를 집대성한 학문 체계로 에도 시대에 크게 인기를 모았던 학문이다. 하야시 라잔[林羅山], 아라이 하쿠세키[新井白石], 사쿠마 쇼잔[佐久間象山] 같은 학자들이 유명하다.

병약했던 미쓰토시는 미쓰오카가 돌아올 때까지 가게의 경영을 무네히사에게 맡겼다. 무네히사가 33세 혹은 34세 때의 일이다. 당시 무네히사는 사카타 센바초[船場町] 시모쿠라[下藏]에 살고 있었다. 무네히사가 언제 결혼했는지는 정확한 기록이 없지만, 그 무렵엔 아마도 결혼을 했을 것이다.

사카타, 쌀 거래의 중심지

무네히사는 꽤 이른 시기부터 쌀 거래에 깊은 관심을 가져 어떻게 하면 쌀 투자로 돈을 벌 수 있을지 연구를 거듭했다. 그런데 무네히사는 왜 쌀 투자에 관심을 갖게 된 것일까? 무네히사의 유고에서 수수께끼의 실마리를 찾아보자.

본디 데와의 땅, 미전옥답이 수십 리에 이르니 예로부터 쌀 산지로 유명하다. 더불어 사카타에는 곡물 거래소가 있어 매매가 지극히 원활하게 이루어진다. 상인들이 쌀을 사들이기 위해 전국 방방곡곡에서 몰려들어 항구에는 돛대가 숲을 이룬다. 아, 내가 평생 종사해야 하는 일은 쌀 장수로구나.

유명한 쌀 산지인 사카타 인근(데와, 현재의 아키타 시 야마가타 현)에 살며 쌀 거래를 위해 몰려드는 상인들의 배로 가득찬 항구를 보며, 평생 자신을 바칠 만한 일은 쌀 장수밖에 없다고 생각하게 된 것은 당연한 결과였다.

뛰어난 투자가가 되기 위해서는 과거의 일을 잊지 않는 기억력, 과거의 데이터를 상세히 분석해 일정한 법칙을 발견해내는 치밀한 분석력과 사고력, 시세에 영향을 주는 양질의 정보를 골라내고 수집하는 능력, 과거와 현재의 자원에 대한 정보를 토대로 앞으로 추세가 어떻게 변화할지 적확하게 예상해 내는 통찰력, 시세가 어느 정도 오를지 혹은 내릴지 읽어 내는 판단력, 사야 할지 팔아야 할지 결정하는 결단력, 한번 결단한 것을 흔들림 없이 실행하는 실행력, 눈앞의 시세 변동에 휘둘리지 않는 정신력과 인내력, 투자에 실패하더라도 곤란하지 않을 만큼의 자금력 등이 필요한데, 무네히사는 자신이 그 모든 것을 갖추었다고 확신했다. 무네히사에게 쌀 거래는 사내 대장부로 태어나 평생을 걸어도 될 만큼 가치 있는 일이었다. 그는 강한 열정을 갖고 쌀 시세를 철저히 분석해 필승의 비법을 계속 연구했다.

그에게 투자의 비법을 알아 가는 과정은 무예를 갈고닦거나, 진리를 추구하거나, 혹은 좌선을 통해 깨달음을 얻는 과정처럼 신성한 것이었음에 틀림없다. 이전의 쌀 투자가 오로지 운과 감과 배짱으로 승부를 거는 도박이었다면 무네히사의 투자 방법이나 투자 철학은 과학적, 학문적 이론을 도입해 냉정한 판단력을 바탕으로 상세한 데이터를 분석해 행하는 것이었다.

사카타 5법,
투기가 아닌 투자를 만들다

무네히사는 기후, 쌀 생산량, 쌀 거래량, 가격, 인기 등을 오랜 세월을 두고 꼼꼼히 기록했다. 그리고 그 기록을 토대로 기후와 쌀 생산량, 시장에서의 인기, 쌀 가격과의 관계를 면밀히 분석해 쌀 시세에 일정한 패턴이 있다는 사실을 알아냈다. 가령 쌀 시세는 언제 상승하고 얼마나 상승해야 천장을 찍고 하락세로 돌아서는가, 하락장은 얼마나 지속되고 얼마나 가격이 떨어져야 바닥을 찍고 상승세로 돌아서는가 분석했다. 또한 그래프를 이용해 쌀 시세를 차트(그래프)로 나타내고 차트가 어떤 모양이 되면 매수 시점인지 매도 시점인지,

혹은 차트에 어떤 특징이 나타나야 천장인지 바닥인지 등 요즘식으로 말하면 패턴을 분석해 시세에 일정한 법칙이 있음을 발견해냈다. 무네히사가 개발한 이 법칙은 언제나 시세에 부합하는 것은 아니지만 상당히 적중률이 높았다.

'역사는 되풀이된다'라는 말이 있는데, 이것은 쌀 시세에도 통하는 말이다. 다시 말해, 쌀 시세는 일정한 법칙에 따라 오르고 내리기를 반복한다. 완전히 똑같지는 않지만 비교적 유사한 패턴이 반복되기 때문에 그 법칙을 알아차리는 사람이 있는가 하면, 전혀 눈치채지 못하는 사람도 있다. 그런데 그 법칙을 알아차리지 못하는 사람이 훨씬 많다. 무네히사처럼 법칙을 알아차리는 사람은 극히 일부에 불과하다.

당시에는 쌀 투자를 도박처럼 생각해 오로지 감과 배짱만으로 승부를 거는 사람이 대부분이었다. 그러다 보니 운이 좋아 재산을 모은 경우도 있지만 크게 실패해 가산을 탕진하는 투자가가 대부분이었다. 그러나 무네히사는 철저히 시세의 법칙을 바탕으로 이론적인 투자를 했다. 즉 시세가 '지금은 바닥이니 사야 한다'라고 일러 줄 때 사고, '지금은 천장이니 팔아야 한다'라고 일러 줄 때만 팔았다. 그에게 감이나 배짱은 필요 없었다. 자신의 이성적 판단에 충실하면 좋은 결과가 뒤따랐기 때문이다.

무네히사가 개발한 쌀 시세의 법칙인 '사카타 5법'은 오늘날에도 주식 시세 등에 널리 이용되고 있다. 사카타 5법은 초 모양의 막대그래프인 캔들을 이용한 일종의 차트인데, 이 차트에 나타나는 다섯 가지 특징(삼산, 삼천, 삼공, 삼병, 삼법)으로 매수 시점, 매도 시점을 판단한다. 캔들은 기간 중 시가, 종가, 고가, 저가를 막대 모양의 그래프로 표시하는데, 시가보다 종가가 높으면 흰색(옛날에는 적색)으로, 시가보다 종가가 낮으면 흑색으로 표시해 구별한다. 하얀 캔들은 양봉, 검은 캔들은 음봉이라고 한다. 정해진 기간 내 고가, 저가는 캔들 위아래로 뻗은 선(그림자, 꼬리)으로 표시한다. 캔들은 기간이 하루인 경우 일봉, 일주일인 경우 주봉, 1개월인 경우 월봉, 1년인 경우 연봉이라고 한다. 이런 캔들을 계속 추가해 나가다 보면 일정한 움직임이 나타난다. 이것이 바로 차트다.

차트상 나타나는 산이나 계곡, 그 밖의 모양을 보면 시세에 일정한 패턴이 있음을 알게 된다. 이를 바탕으로 시세 추이를 예상할 수 있다.

참고로 삼산(三山)은 천장권에서 산 모양이 세 개 나타나면 고점을 찍고 시세가 크게 하락할 가능성이 높다는 매도 신호다. 삼천(三川)은 바닥 가격권에서 차트상에 세 개의 계곡 같은 모양이 나타나는 것으로, 이 패턴이 차트에 나타나면 시세는 저점을 찍고 상승세로 돌아설 것이라 판단할 수 있다. 삼공(三空)은 차트상에 연속으로 창(공간)이 세 개 생기는 패턴으로, 시세가 바뀌는 터닝 포인트가 임박했음을 암시한다. 하락장에서 삼공이 나타나면 시세는 상승세로 돌아설 가능성이 높고, 상승장에서 삼공이 나타나면 시세는 하락세로 돌아설 가능성이 크다. 삼병(三兵)은 바닥 가격에서 짧은 양봉(흰색, 예전에는 붉은 캔들)이 세 개 연속해서 나타나면 적삼병이라고 해서 매수 신호고, 천장권에서 음봉(흑색 캔들)이 세 개 연속으로 나타나면 흑삼병(세 마리 까마귀)라고 해서 매도 신호로 간주된다. 삼법(三法)은 투자에는 '사고' '팔고' '쉬는' 세 가지 방법이 있는 의미다. 이 중 특히 주목해야 할 것이 '쉬는' 국면을 알리는 신호다.

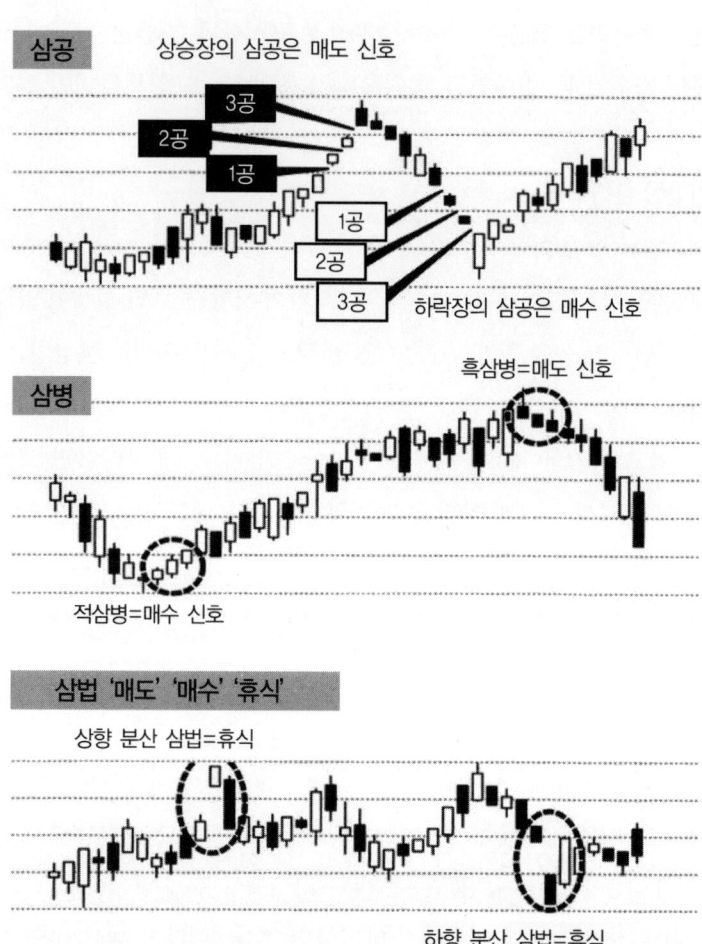

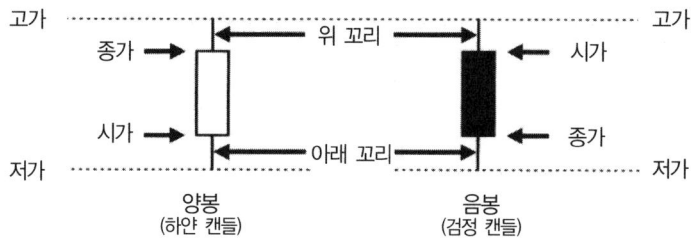

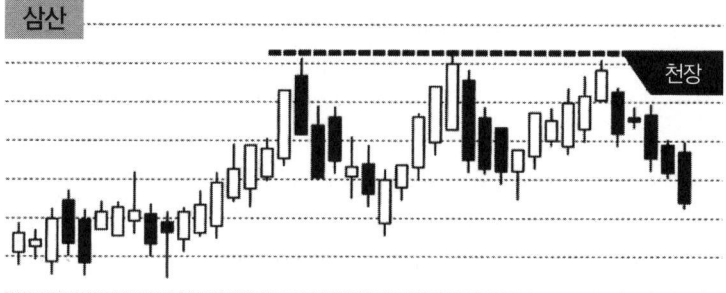

사카타 5법은 무네히사가 만들어 낸 것으로 알려져 있는데, 그의 저서 《무네히사비록》 《혼마 무네히사 상장삼매전》을 바탕으로 후세가 고안했다는 설도 있다. 어느 쪽이든 사카타 5법의 기본 이념에 무네히사의 시세 논리가 반영된 것만은 틀림없는 사실이다.

쌀 중심 경제가 낳은 선물거래

에도 시대의 경제는 쌀을 중심으로 돌아갔다. 다이묘의 수입도 영지에서 수확하는 쌀의 양으로 결정됐다. 다이묘가 가신에게 주는 임금도 후치마이(扶持米, 녹미), 지교마이(知行米, 지배를 위임한 영지에서 수확한 쌀) 등으로 지불됐다. 농민이 번주에게 납부하는 세금도 쌀(연공미)로 이루어졌다.

그러나 일반적인 생활은 화폐로 이루어졌다. 때문에 다이묘나 가신, 막부의 하급 무사인 고케닌[御家人] 등은 쌀을 화폐와 교환할 필요가 있었다. 이를 위해 쌀을 거래하는 시장인 곡물 거래소가 전국 각지에 형성되었다. 가장 대표적인 곳이 막부의 공인을 받아 1730년에 개설된 오사카의 도지마 곡물 거래소다. 이후 사카타 등 지방 거래소에서도 쌀 거래가 허가되었다.

쇼나이 번[庄內藩]에서는 1624년 가신들의 녹봉을 쌀 증서로 지급했다. 가신들은 이 가운데 일부를 미곡과 교환해 가족들이 먹을 식량을 마련하고 나머지 증서는 쌀 장수에게 매각해 화폐를 손에 넣었다.

연공미는 쇼나이 번의 창고에 보관했는데, 그 가운데 대부분이 사카타 항에서 선적되어 쓰루가[敦賀]까지 운반되었고, 그곳에서 다시 비와호[琵琶湖]를 지나 오쓰[大津], 오사카[大坂], 교토[京都] 등으로 운반돼 매각됐다. 사카타 항은 쇼나이 번뿐만 아니라 요네자와 번, 야마가타 번[山形藩], 신조 번[新藏藩] 등에서 수확된 쌀이 모가미 강[最上川]으로 운반돼 모이는 전국 최대의 쌀 집적지였다. 이 때문에 사카타에는 일찍이 곡물 거래소가 형성되어 활발한 거래가 이루어졌다.

사카타의 쌀 상인은 도매상과 중개상 두 부류로 나뉘었다. 도매상은 번의 저장미를 사들이고, 중개상은 부사(步座, 거래소)라는 조직을 결성해 미곡 미두 매매를 했다. 사카이 번에서는 1656년 쓰루오카의 니시우미 사부로베[西海三郎兵衛]를 오코메야도[御米宿]로 임명해 쌀 증서를 매각하는 일을 일임했다. 또한 시중에서는 '메바야[目旱]'라는 25명의 쌀 거래상에게 거래를 허가해 줘 밋카마치[三日町]에 조성된 쌀 거래소에서 매일 밤 거래를 하도록 했다. 거래의 결과는 오코메야도인 니시우미에게 보고되었다. 오코메야도는 도매상, 메바야는 중개상, 고메자[米座]는 쌀 거래소다. 오코메야도는 쌀 거래소에서 쌀 증서를 매매하도록 했다. 이것이 바로 실물거래로, 처음에는 매매가 성립하면 곧바로 청산됐다. 1716년 오사카 고메자에서 매매 결제를 열흘, 1개월, 2개월로 미루는 겐게쓰 매매(限月売買, 연체 거래)가 허가되자 쓰루오카에서도 연체 거래, 연체 청산 거래가 이뤄지기 시작했다.

이 같은 장부 거래는 오늘날 금융, 주식시장 등에서 널리 이루어지는 선물거래를 의미한다. 현물이 없어도 매매가 가능한 데다가 적은 자금으로 거액의 매매가 가능하기 때문에 예상이 적중하면 큰돈을 벌 수 있지만, 예상이 빗나가면 큰 손실을 보게 되는 투기성이 매우 강한 거래다. 쌀 역시 작황(풍작, 흉작)과 이에 큰 영향을 미치는 기상이변(대지진, 화산 분화, 냉해, 홍수, 충해), 수급 관계를 좌우하는 에도나 오사카 등 대도시의 대화재, 또 거상 등에 의한 매점매석 등에 의해 시세가 급등 혹은 급락을 거듭하기 때문에 가격을 정확히 예상하기가 힘들어 투기성이 강했다.

1745년부터 "미곡은 장원의 핵심 산물이므로 그 매매를 확실하고 편리하게 해야 한다"는 번의 방침에 따라 기존 중개인 25명 외에 환전상 25명의 쌀 중개가 허용된다. 또한 아유미자(고메자)를 왕래하는 중간상인 가운데 거래소 대표를 2명 선출해 도매 허가를 내주고 시장의 질서를 단속하도록 했다. 고메자에서는 매도자와 매수자 쌍방이 서로 증거금을 걸어야 거래가 이루어졌다. 일반 거래의 경우 100냥에 40섬(1800년부터는 20섬)씩 걸도록 했다. 증거금을 보관하는 것은 고메야도가 맡았다. 시세 변동이 클 경우에는 손실을 본 사람이 동일한 액수의 추가 증거금을 임시로 차입토록 했다. 중개인들은 매매액 100냥마다 1슈(朱, 1냥의 1/16)를 관례적으로 갹출(이를 '자가카리座掛かり'라고 함)하고, 대표가 이를 보관해 고메자의 제반 비용을 충당했다. 에도 시대 일본에 오늘날 증권거래소와 유사한 조직이 만들어져 요즘 말로 금융파생상품(선물거래 등) 거래가 이루어졌다는 것은 정말 놀라운 일이다.

쌀 가격이 폭락하면 다이묘나 가신의 수입이 줄어들어 재정이 어려워진다. 반대로 쌀 가격이 치솟으면 쌀을 주식으로 삼는 서민들의 생활이 어려워져 사회 불안이 초래된다. 이 때문에 에도 막부는 쌀 가격을 안정시키는 데 힘썼다. 당시에는 쌀 생산지인 지방과 소비지인 에도, 오사카 등 대도시의 쌀 가격이 5~8배 이상 차이가 났다. 에도나 오사카에는 전국의 연공미가 모여들어 그 총액이 각각 100만~150만 석에 이르렀고, 이 쌀을 보관하는 다이묘들의 저장 창고가 곡물 거래소 주변에 즐비했다. 곡물 거래소에서는 실물거래인 미곡 거래와 선물거래인 장부 거래가 이루어졌다.

오사카에서는 도지마에, 막부 소재지인 에도에서는 아사쿠사[淺草], 구라마에[蔵前], 고아미초[小網町], 고부나초[小舟町] 등에 곡물 거래소가 열렸으며, 번의 저장 창고에도 곡물 거래소가 열려 거래가 활발하게 이루어졌다.

이들 곡물 거래소에서는 흉작이 들면 쌀 시세가 급등하고, 풍작이 되면 쌀 시세가 폭락하기를 거듭했다. 이 때문에 쌀은 투기 대상이 되었고, 이것이 쌀 시세를 복잡하게 만들어 투기 성향을 더욱 부채질하는 원인이 되었다. 때문에 일확천금을 노리고 쌀 시장에 모여드는 사람이 많았다. 다행히 예상이 적중하면 큰돈을 벌었지만 예상이 빗나가 큰 손실을 입고 어느 날 홀연히 자취를 감추는 사람도 적지 않았다.

거래 중개인에서 쌀 방아꾼으로, 젠베의 좌절과 재기

형인 미쓰토시에게 가게 경영을 위임받은 무네히사는 그때까지 연구를 거듭해 온 쌀 거래에 본격적으로 뛰어든다. 무네히사는 쌀 거래에서 뛰어난 재주를 발휘해 큰돈을 벌어 니가타야에 막대한 이익을 안겨 주었다. 무네히사의 판단은 귀신같이 적중했다. 니가타야는 쌀 판매를 주로 하고 있었기 때문에 쌀의 작황, 수급 관계 등 기타 투자에 필요한 다양한 정보를 손에 넣을 수 있었다. 무네히사는 경영을 맡은 지 불과 몇 년 만에 혼마 가문의 자금을 10배 이상 불리는 실력을 발휘한다.

그 무렵 사카타의 나카마치[中町]에 이시카와 젠베라는 사내가 살고 있었다. 혼마 가문을 드나드는 쌀 장수인 젠베는 쌀 투자에 실패해 가게와 재산을 몽땅 날리고 쌀을 찧는 인부로 전락해 하루하루 일해 번 돈으로 근근이 생계를 이어 나갔다.

한겨울 엄동설한에 이마에서 구슬땀을 흘리며 쌀을 찧는 젠베의 모습을 가만히 지켜보던 무네히사가 불쑥 말을 걸었다.

"자넨 어째서 그렇게 돈도 안 되는 일을 하고 있나?"

"부끄럽게도 쌀 투자에 실패해 가산을 모조리 탕진하고 말았습니다. 처자를 굶겨 죽일 순 없기에 이런 일이라도 해서 하루하루 연명하고 있습니다."

무네히사는 잠시 생각하더니 다시 물었다.

"자네는 팔 때 실패했는가, 아니면 살 때 실패했는가?"

"살 때 실패했습니다."

"그럼 한 가지만 묻겠네. 지금 자금이 있어서 쌀 투자로 승부를 건다면 자네는 둘 중 어느 쪽에 승부를 걸겠는가?"

"당연히 사는 쪽에 승부를 걸겠습니다."

"그럼 내가 돈을 빌려 줄 테니 당장 쌀을 사게. 손해를 본다면 그 돈은 돌려줄 필요가 없네. 돈을 벌었을 경우에만 돌려주게."

젠베는 무네히사에게 돈을 빌리면서 쪽지 한 장을 건네받았다. 그 쪽지에는 '투자의 수칙'이라는 제목 아래 다음과 같은 내용이 적혀 있었다.

투자의 수칙
- 여유 자금으로 매매할 것.
- 용도가 정해진(손해를 봐서는 안 되는) 돈은 투자에 사용하지 말 것.
- 손해를 봐도 괜찮다고 정한 범위에서 매매할 것.
- 과거의 쌀 시세를 참고해 바닥 가격과 천장 가격을 판단할 것.
- 바닥 가격 근처에서 사고 천장 가격 근처에서 팔 것.
- 결코 최저가에 사서 최고가에 팔려고 하지 말 것. 이는 절대 불가능한 일로, 도전해 봤자 얻는 것이 없음을 명심할 것.
- 시세를 결정하는 것은 쌀의 작황임을 잊지 말 것.
- 풍작은 하락장의 정체 장세, 흉작은 활황, 평년작은 답보 장세.
- 투자 방침을 정했으면 눈앞의 작은 가격 변동에 일희일비하지 말 것.
- 답보장에서는 나서지 말 것.

- 본격적인 상승장 초기의 저가(바닥 시세)에 살 것.
- 지금이 절호의 매수 시기라는 생각에 마음이 조급해지면 사흘간 기다릴 것. 시세는 도망가지도 숨지도 않음을 명심할 것.
- 살 때나 팔 때 한꺼번에 사고 팔지 말고 몇 번에 나누어 매매할 것.
- 예상이 적중해 이익이 났다면 더 이상 욕심 부리지 말고 적당한 시점에 이득을 챙길 것.
- 이득을 챙긴 후나 손절매한 후에는 40~50일 정도 투자를 쉬면서 또다시 바닥 시세가 나타날 때를 기다릴 것.
- 예상이 빗나가 큰 손실이 발생해도 평저화하거나 평고화하지 말 것. 예상이 크게 빗나갔다면 당장 손을 뗄 것.
- 모두가 적극적이고 나도 적극적일 때는 매도를 생각할 것.
- 모두가 무기력하고 나도 비관적일 때는 매수를 생각할 것.
- 감정이 격할 때는 매매를 자제할 것.
- 다른 사람의 성공이 부럽다는 이유로 투자에 손대지 말 것.

젠베는 '투자의 수칙'을 달달 외울 정도로 몇 번이고 거듭 읽어보았다. 돈을 빌려 준 것도 고맙지만 투자의 수칙을 알려 준 것이 무엇보다도 감격스러웠다. 젠베는 무네히사에게서 빌린 돈으로 바닥 가격이라고 생각될 때 몇 차례에 나누어 쌀을 샀다. 그로부터 얼마 지나지 않아 쌀 가격이 급등했고 젠베는 거액을 손에 넣을 수 있었다. 사실 젠베가 쌀을 사자마자 무네히사가 쌀을 대량 사들여 가격을 급등시켜 그가 돈을 벌 수 있도록 해 준 것이었다. 젠베는 그렇게 해서 번 거금으로 집을 되찾고 가족이 길바닥에 나앉을 염려를 덜게 된다. 이 일을 계기로 젠베는 무네히사에게 평생 감사하는 마음을 갖게 된다. 젠베는 무네히사를 '투자의 스승', '인생의 스승'으로 하늘같이 섬겼고 틈날 때마다 가르침을 청해 조언과 지도를 받았다. 무네히사가 에도에서 살게 된 후에도 1년에 몇 번씩 그를 찾아와 사카타의 정보 등을 전해 주고 투자에 관한 조언을 듣고 돌아갔다.

무네히사, 혼마 가에서 의절 당하다

나라야에서 수련을 쌓던 3남 미쓰오카가 1753년 수련을 마치고 사카타로 돌아왔다. 이듬해인 1754년 정월, 미쓰토시는 동생들과 자식들에게 재산을 분배했다. 그에 따르면 결산 금액 1270냥 중 동생 무네히사(규사쿠)에게 250냥, 4남인 도모사부로(미쓰하루)와 5남 도모주로에게 각각 100냥, 6남인 시게노조(도모하치로)에게 50냥을 물려주고, 남은 재산을 미쓰오카(도모지로)에게 물려주었다. 그 밖에 금은, 논밭은 무네히사에게 2보(步), 미쓰오카에게 8보를 물려줬다. 미쓰오카는 3남이지만 장남이 일찍 죽은 데다 차남 역시 15세의 어린 나이에 병으로 죽었기 때문에 미쓰오카가 적자(후계자)가 되었다.

이렇듯 형제 중 무네히사에게 단연 많은 재산을 물려주었다. 미쓰토시가 무네히사의 경영 수완과 공적을 얼마나 높이 평가했는지 충분히 짐작이 가는 대목이다. 재산 분배가 이루어진 그해 8월, 미쓰토시는 타계한다. 향년 63세였다.

이후 니가타야에서 무네히사의 입지는 순식간에 달라진다. 견실한 성격의 미쓰오카는 평소 투기성이 강한 쌀 투자로 승부를 거는 숙부 무네히사를 달갑게 생각하지 않았다. 가게를 물려받자마자 장부를 살펴보던 그는 놀라움을 금치 못했다. 가게의 이익이 대부분 무네히사의 쌀 투자로 얻은 것이었기 때문이다.

쌀 투자는 거액의 부를 쌓아 올릴 수도 있지만, 모든 재산을 날리고 거리에 나앉을 가능성도 있었다. 미쓰오카는 이렇게 위험천만한 투자에 의존하는 경영이 아니라 위험이 적은 장사로 차근차근 이익을 늘려 나가 경영을 반석에 올려놓고자 했다. 그의 생각에 무네히사는 결코 찬성할 수 없었다. 그 바탕에는 '니가타야의 재산을 불과 3년 만에 10배 이상 불린 것은 내 덕이다', '이는 모두 쌀 투자 덕분이다'라는 강한 자부심이 깔려 있었다. 쌀 투자로 불린 돈으로 무네히사는 전답 등 토지를 사들여 혼마 가문은 사카타에서 손꼽히는 대지주가 됐다. 견실한 경영을 지향하는 미쓰오카가 이런 일을 용납할 리 없었다. '쌀 투자는 가업을 오랫동안 이어 나갈 수 있는 길이 아니다'라고 늘 생각해 왔기 때문이다. 미쓰오카는 무네히사와 둘이서 이야기를 나누어 보기로 했다.

"이제 니가타야를 물려받았으니 앞으로 니가타야의 경영은 제가 맡아서 하겠습니다."

"물론이다. 난 네가 수련을 마치고 돌아올 때까지만 경영을 맡기로 했다. 이제 네가 돌아왔으니 내가 경영에서 손을 떼는 것이 당연한 일이다. 네 뜻대로 니가타야를 꾸려 나가거라."

"그렇다면 다행입니다. 니가타야에서는 앞으로 쌀 투자를 하지 않는다는 규칙을 정할 생각입니다."

"아니, 뭐라고? 니가타야는 쌀 투자 덕분에 이렇게 재산을 불릴 수 있었다."

"저도 니가타야의 장부를 꼼꼼히 살펴봤기 때문에 그 점은 잘 알고 있습니다. 하지만 장사에는 산도 있고 계곡도 있어 만사 순조로울 때가 있는가 하면, 실패해서 큰 손해를 보는 경우도 있습니다. 지금까지 큰 이익을 거두었으니 앞으로는 큰 손실을 입을 수도 있지 않겠습니까?"

"내 입으로 말하긴 쑥스럽지만, 나는 모든 사람이 인정하는 투자의 달인이다. '데와의 덴구'라며 모두들 나를 우러러보지. 내가 투자에 실패할 리 없다."

"바로 그 과신이 무서운 겁니다. 투자의 달인으로 칭송 받은 많은 사람이 바로 그런 점 때문에 투자에 실패해 애써 쌓아 놓은 재산을 송두리째 날리고 거액의 빚을 진 뒤 도망을 다니다가 스스로 목을 매는 경우가 비일비재합니다. 숙부님께서도 그런 자들을 수없이 많이 보셨을 겁니다."

"그것은 투자를 잘 모르고 투자에 뛰어든 자들이나 겪는 일이다. 시세를 철저히 분석해서 반드시 이기는 비법을 익힌 내게 그런 실패란 있을 수 없다. 나는 지금까지 투자해서 단 한 번도 실패한 적이 없다. 지난 3년간의 실적이 그를 증명하지 않느냐? 앞으로도 그럴 일은 절대로 없을 것이다."

"저도 분명 그럴 거라고 생각합니다. 숙부님은 투자의 달인이자 천재입니다. 그 점은 아버님도 인정하고 계셨고 저도 분명히 인정

합니다."

"그렇다면 어째서 쌀 투자로 이렇듯 성장한 니가타야에서 쌀 투자를 금하려는 것이냐?"

"숙부님께서 건재하면 니가타야도 쌀 투자로 계속해서 큰 이익을 거둘 수 있겠지요. 하지만 만일 숙부님께 무슨 일이 생긴다면 쌀 투자로 돈을 벌 수 있는 사람이 없어져 니가타야는 하루아침에 경영이 어려워질 것입니다. 또 니가타야에서 일하는 모든 이가 쌀 투자로 한몫 챙기려는 마음을 갖는다면 그 누가 땀 흘리며 성실하게 일하려 하겠습니까? 그렇게 되면 귀한 인재를 키울 수 없어 니가타야의 앞날은 어두워질 것입니다."

"나는 어떻게 하면 투자에 성공할지 누구보다도 깊이 연구해서 그 비법을 기록해 두고 있다. 그것을 활용하면 누구나 투자의 달인으로 키울 수 있다."

"쌀 투자는 한 치 앞을 내다보기 어려운 일종의 도박입니다. 아무리 많은 경험을 쌓고 깊고 넓은 지식을 가졌더라도 현실이 항상 이론대로 움직이리라는 보장은 없습니다. 투자 달인으로 불리고, 투자에서 큰 성공을 거둔 경험이 있는 사람이라도 언제 어디서 크게 실패해 엄청난 손실을 볼지 알 수 없습니다. 하물며 숙부님 같은 재능과 지식이 없는 사람이 숙부님의 흉내를 내 투자에 손을 댄다면 분명히 크게 실패해서 가까스로 쌓아 올린 니가타야의 기틀을 송두리째 뒤흔들 수도 있습니다."

"어차피 장사는 도박이다. 잘될지 어떨지는 해 보지 않고서는 알 수 없다."

"장사가 도박과 비슷한 것은 물론 사실입니다. 그렇기 때문에 모쪼록 신중을 기해 실패할 가능성을 최소화하고 성공할 가능성을 최대화해야 합니다. 쌀 투자는 예상이 적중하면 큰 이익이 굴러 들어오지만, 예상이 빗나가 실패하면 지금까지 쌓아 놓은 재산은 물론 니가타야의 신용까지도 모조리 잃게 될 것입니다. 니가타야의 새로운 주인으로서 저는 무슨 일이 있어도 그런 일만은 피하고 싶습니다."

"나는 그런 소극적인 사고방식에 찬성할 수 없다. 장사를 하는 데 있어서 내실을 다지면서 조금씩 착실하게 돈을 버는 것도 좋지만, 쌀 도매를 하는 니가타야에서 쌀 투자에 손을 대지 않는다는 것은 돈을 벌 기회를 스스로 걷어차는 것이나 다름없다. 이익이 큰 쌀 투자와 사업에 내실을 기할 수 있는 다른 투자를 병행해 나가는 식으로 두 방법의 장점을 살린다면 니가타야를 더욱 발전시킬 수 있을 것이다."

"그것은 제가 생각하는 경영 방침이 아닙니다."

"그런 경영 방침을 밀고 나갈 생각이라면 날 이곳에서 내쫓은 다음에 그렇게 해라."

"어쩔 수 없군요. 알겠습니다. 저는 니가타야의 후계자로서 숙부님께서 이 가게에서 나가 주셨으면 합니다. 이후 숙부님과 니가타야의 인연은 끊어졌다고 생각하십시오. 숙부님이 이곳에 왕래하시는 것을 금하겠습니다."

"미쓰오카, 네가 언제부터 그렇게 냉혹하고 배은망덕한 사람이 된 것이냐?"

"할어버님과 아버지께서 남겨 주신 니가타야를 보존하고 발전시키기 위해서는 때로는 냉혹하고 배은망덕해야만 될 때도 있지요. 이해해 주십시오."

"좋다. 이 집안의 가업을 이어받은 사람은 너이니 네 뜻대로 하거라. 다만 훗날 후회하는 일이 없도록, 세인들의 웃음거리가 되지 않도록 제대로 경영해라."

"그 말씀 마음 깊이 명심하겠습니다."

무네히사는 미쓰오카가 가게의 경영을 맡으면서 그동안 자신이 관리해 온 금, 은, 쌀 등의 재산을 미쓰오카에게 넘겨주었다. 그런데 천재 투자가 무네히사는 자신의 힘으로 가게의 재산을 10배로 불렸다는 자부심으로 인해 주먹구구식으로 경영해 온 탓에 장부에 누락된 부분이 있어 소소한 부분에서 계산이 맞지 않았다. 이 때문에 인도하는 재산 총액을 두고 미쓰오카와 무네히사는 서로 마찰을 빚었다. 나라야에서 상업의 기본을 배워 온 미쓰오카는 주먹구구식 일처리를 용납할 수 없었다. 미쓰오카는 아버지 미쓰토시의 1주기 법회 때 한자리에 모인 친척들에게 전후 사정을 설명하고 의정서를 작성해 사실상 무네히사와의 인연을 끊고 그를 혼마 가문에서 추방해 버렸다.

법회가 열리기 직전에 미쓰오카는 신시로, 도시야스, 무네히사 3명의 숙부에게 편지를 보냈다. 편지에는 무네히사가 쌀 투자에 매진하면서 지나치게 방만하게 사업을 운영하는 것에 대한 우려를 표하며 쌀 투자에 손을 대는 것은 선대의 유지에 반하는 일로, 앞으로는 쌀 투자에서 손을 떼고 가업을 긴축하겠다는 내용을 담고 있었다.

　무네히사를 추방하는 데 성공한 미쓰오카는 쌀 투자 금지령을 내리고 쌀 투자와의 결별을 천명했다.

제4장

무네히사, 쌀 투자에서 고배를 마시다

가문과 의절당한 절망과 분노, 미쓰오카에 대한 반감으로 무네히사는 냉정하게 판단할 수 있는 상태가 아니었다. 무네히사는 투자에 존대기에 가장 부적합할 때 투자에 뛰어들고 만다. 사카타에서는 '데와의 텐구', '거래의 신'으로 불렸던 무네히사였으나 에도에 온 이후로는 시세 예측이 빈번히 빗나갔다. 게다가 무네히사는 에도에서 사고를 일으켜 투옥되는 수모를 겪는다.

무네히사와
미쓰오카의 반목

　혼마 가문과의 의절을 선고받은 무네히사는 그에 대한 분노와 실망감, 낙담으로 망연자실한 채 하루하루를 보냈다. 조금씩 분노가 가라앉으면서 미쓰오카에 대한 복수심이 불타올랐다. 미쓰오카에게 복수하기 위해서는 쌀 투자에 매진해 성공하는 수밖에 없다, 쌀 투자로 성공해서 본때를 보여 주겠다는 생각을 하게 된다. 사내대장부가 맨주먹으로 승부를 걸어 거액의 재산을 일구려면 쌀 투자밖에 없다, 쌀 투자만이 살 길이라는 생각이 매일 커져 갔다. 마음을 정리한 무네히사는 과감하게 에도로 떠나 그곳에서 심기일전해 쌀 투자로 새출발하리라 마음먹었다.
　무네히사가 에도로 떠난 시기에 대한 정확한 기록은 남겨져 있지 않다. 미쓰오카가 나라야에서 수련을 마치고 사카타로 돌아온 것이 1753년이고 미쓰토시가 타계해서 미쓰오카가 니가타야의 경영을 맡게 된 것은 그 이듬해인 1754년이다. 무네히사가 가게 돈을 사적으로 유용했다는 이유로 미쓰오카로부터 의절당한 것은 미쓰토시의 1주기인 1755년의 일이다. 이를 바탕으로 무네히사가 에도로 떠난 것은 1755년 아니면 그 이후라고 추측할 수 있다.
　그렇다면 당시 쌀 투자를 둘러싼 환경은 어땠을까? 1755년 오우

[奧羽] 일대에 대기근이 발생했고, 이듬해인 1756년에는 쌀값이 폭등해 에도 막부는 쌀을 비축하는 행위를 금했다. 1757년 들어 간토[關東]에서 홍수가 일어나고, 도호쿠 지방에서 기근이 발생해 시장의 상황은 더욱 악화됐다. 에도에 온 무네히사는 쌀 시세가 지나치게 높아 결국 하락세로 돌아설 것으로 판단하고 매도로 승부수를 걸었다.

무네히사는 그간 비축해 둔 수천 냥으로 쌀 투자에 나선다. 무네히사가 남긴 시세 비법서에는 '흉작에는 쌀을 사지 마라', '부족하면 남는다'라는 말이 있다. 흉작에는 쌀 도매상이나 대지주 등 쌀을 매점매석하던 사람들이 이익을 보려고 매도에 나서기 때문에 결국 가격이 떨어진다. 추세가 그렇다 보니 조금이라도 비쌀 때 팔려고 매도에 나서는 사람이 더욱 늘어나 가격 하락세가 가속화된다. 반대로 풍작으로 쌀 가격이 크게 떨어지면 다이묘나 도매상 지주 등이 가격이 오르면 팔 생각에 쌀을 비축해 두기 때문에 시중에는 쌀 공급이 끊긴다. 때문에 쌀이 시중에 유통되지 않아 가격이 폭락하기는커녕 오히려 오른다. 이런 이유에서 무네히사는 흉작으로 가격이 급등한 상태에서 쌀을 모조리 팔았다.

그런데 무네히사에게는 운이 따라 주지 않았다. 가문과 의절당한 절망과 분노, 미쓰오카에 대한 반감으로 냉정하게 판단할 수 있는 상태가 아니었다. 무네히사는 투자에 손대기에 가장 부적합한 때 투자에 뛰어들고 만 것이다. 무네히사의 예상과 달리 쌀 가격은 날로 상승했다. 이런 상황에도 무네히사는 계속 대량 매도에 나섰다.

에도에서 무너진
데와의 덴구

1757년 간토에서 홍수가 발발하고 도호쿠 지방에서 기근이 발생해 쌀 가격은 하락하기는커녕 계속 급등했다. 농민 봉기도 속출했다. 사카타에서는 '데와의 덴구', '거래의 신'으로 불렸던 무네히사였으나 에도에 온 이후로는 시세 예측이 번번이 빗나갔다. 게다가 무네히사는 에도에서 사고를 일으켜 투옥되는 수모를 겪는다. 쌀값이 급등하자 쌀을 대량 팔아 치운 무네히사에게 매수자들이 욕설과 비난을 퍼붓자 홧김에 폭력을 휘두른 것이다. 곡물 거래소 인근의 주막에 한 매수자가 중개인과 함께 술을 마시러 왔다. 그는 술을 마시는 무네히사를 보고 일부러 들으라는 듯이 큰 소리로 말했다.

"데와의 촌놈이 우쭐대며 쌀을 팔더니만 쌀값이 계속 올라 결국 쪽박을 차고 말았다지? 천하의 덴구도 별 수 없이 콧대가 꺾여서 매일같이 술만 마셔 대는 모양이야."

그의 일행도 맞장구쳤다.

"쓴맛을 봤으면 당장 꼬리를 감추고 데와로 돌아갈 일이지 그나마 남은 돈까지 죄다 쏟아부을 작정인가 봐."

"콧대 꺾인 덴구라니 팔푼이도 그런 팔푼이가 없다니까."

조용히 일어선 무네히사는 그중 한 사내의 머리를 있는 힘껏 후려쳤다. 얻어맞은 쪽도 잠자코 있지 않았다. 두 사람은 서로 뒤얽혀 큰 싸움을 벌였다. 쌀 가마니를 운반하며 몸이 단련된 무네히사의 완력은 술과 유흥으로 밤을 지새우는 에도의 투자가들에게 견줄 바가 아니었다. 결국 상대방의 팔과 갈비뼈가 부러지고 말았다. 당연히 관가에서는 무네히사를 잡아들여 조사했다. 상대방에게도 잘못이 있었지만, 먼저 손을 댄 쪽은 무네히사였다. 게다가 상대방은 크게 다치기까지 했다. 누가 보더라도 무네히사가 불리할 수밖에 없는 상황이었다.

무네히사의 아내 미야의 편지로 그 소식을 알게 된 미쓰오카는 일부러 에도까지 와서 쇼나이 번의 가신에게 부탁해 석방되도록 힘을 썼다. 의절했다고는 하나, 미쓰오카에게 무네히사는 숙부이자 혼마 가문의 자산을 크게 불려 준 은인이었다. 그런 무네히사에게 의절을 선언한 것이 미쓰오카로서도 내심 마음에 걸리던 차였다. 게다가 혼마 가문의 유명 인사가 불미스러운 사건으로 처벌을 받는다면 가문의 명예가 크게 훼손되는 것은 물론 신용이 떨어질 수도 있었다. 그렇게 되면 무네히사나 그의 가족뿐만이 아니라 가문 전체가 곤란해질 게 분명했다. 미쓰오카의 증조부 규에몬이 1년 동안 감옥형에 처해 있는 동안 이미 이 같은 사실을 뼈저리게 경험한 바였다. 미쓰오카는 어렵게 발걸음을 뗐다. 그 덕분에 이 소동은 무네히사가 치료비 전액과 위자료를 지불하는 것으로 조용히 해결됐다.

제5장

참선으로
투자의 도에
눈뜨다

"검술의 달인은 검도를 연구하고, 학자는 학문을 연구하고, 상인은 상도를 연구하면 되는거야. 자네는 쌀 투자 비법을 연구해 일본 제일의 투자자가 되게. 그것이 자네가 가야 할 길이 아니겠는가? 비법을 연구한 후 그것을 후세에 전해 투자에 뜻을 둔 많은 사람에게 길을 안내해 주면 되는 거라네. 그렇게 한다면 필시 인류의 진보에도 이바지하게 될걸세."

가이안지에서
투자의 길을 찾다

　실의에 빠진 무네히사는 사카타로 돌아왔다. '데와의 덴구', '투자의 달인'을 자처하던 자신이 어째서 에도에서는 예상이 죄다 빗나가 고배를 마셔야 했을까? 무네히사는 그 생각에만 빠져 지냈다. 투자 이론, 시세를 읽는 정확성, 시세를 전망하는 예리한 감에 있어서는 누구에게도 지지 않는다고 자부했는데 그 같은 자신감이 송두리째 무너져 버린 것이다. 무네히사는 자신이 앞으로 무엇을 하고 살아가야 할지 깊은 고민에 빠졌다. 매일 어두운 표정으로 멍하니 마당만 바라보는 무네히사가 걱정된 부인 미야는 보다 못해 이렇게 조언했다.

　"그렇게 혼자서 고민한다고 해서 좋은 생각이 떠오를 리 없지 않나요? 기분전환도 할 겸 가이안지(海晏寺)에 가서 주지스님과 상담해 보는 게 어떨까요?"

　유서 깊은 절인 가이안지는 오랫동안 혼마 가문에서 거액을 기부해 온 터라 친척같이 막역한 관계를 유지하고 있었다. 무네히사도 어렸을 때부터 절에 자주 들러 주지스님과는 잘 아는 사이였다.

　《사카타시사》 상권 〈경제편〉에는 미쓰오카와 가이안지의 관계에 대해 다음과 같은 일화가 기록돼 있다.

가이안지 25대 도간료운(洞嶽凌雲) 화상은 훌륭한 스님으로 미쓰오카도 종종 오가며 가르침을 받았다. 쌀 투자나 장사에 대해서도 많은 가르침을 받았다. 한번은 미쓰오카와 그의 벗 두 명이 투자에 대해 자문하러 갔는데 주지에게 같은 말을 듣고도 미쓰오카는 투자를 잘해서 막대한 부를 축적한 반면, 다른 이들은 번번이 실패해 결국 몰락하고 말았다.

여기에 기록된 미쓰오카는 아마도 무네히사의 이름을 잘못 쓴 것으로 보인다. 하여튼 혼마 가문과 각별한 관계인 가이안지에 무네히사나 미쓰오카, 그 밖에 혼마 가문의 여러 사람이 드나들며 여러 가지 가르침을 얻었다. 당시 사찰은 근방의 어린아이들을 모아 다양한 지식을 가르치는 서당 역할 하는 등 사회 친화적인 공간이었다. 가이안지와 깊은 관계에 있던 미쓰오카는 만년에 보리사인 조후쿠지가 아닌 가이안지에 경장, 석가당, 태자당 등을 잇따라 시주했다. 혼마 가문이 가이안지와 얼마나 깊은 관계였으며 이 절을 얼마나 아꼈는지 알 수 있는 대목이다.

미쓰오카는 학구열이 높았는데 어린 시절부터 쌀 투자 같은 투기를 싫어해 그가 쌀 투지에 손을 대 막대한 부를 축적했다는 자료는 어디에도 없다. 반면 무네히사는 젊었을 때부터 쌀 투자야말로 일생을 걸고 도전해 볼 만한 길이라고 줄곧 생각했다. 그래서 병약한 형 미쓰토시(미쓰오카의 아버지)를 대신해 가게의 경영을 맡았을 때 쌀 투자에 매진해 자산을 몇 배나 불렸다.

따라서 가이안지 주지에게 쌀 투자에 대해 자문하고 막대한 부를 쌓아 올린 것은 미쓰오카가 아닌 무네히사일 가능성이 높다. 그렇게 생각할 때 "주지에게 같은 말을 듣고도 미쓰오카(무네히사)는 투자를 잘해서 막대한 부를 축적한 반면, 다른 이들은 번번이 실패해 결국 몰락하고 말았다"라는 문장에 등장하는 상인들이 누구인지도 대충 짐작할 수 있다. 아마도 혼마 가문을 드나들며 무네히사와 가까이 지내던 쌀 장수 이시카와 젠베(속칭 쌀방아꾼 젠베)를 지칭하는 것이리라.

번뇌를 버리고
투자의 신으로 거듭나다

사실 혼마 가문에서 의절당한 무네히사가 고민을 털어놓고 상담할 수 있는 사람은 가이안지의 주지스님밖에 없었다. 무네히사는 주지스님을 찾아가 고민을 털어놓는다.

"조카인 미쓰오카에게 의절당한 뒤 쌀 투자만이 살 길이라는 일념으로 에도로 가서 쌀 투자로 크게 승부를 걸었습니다. 사카타에서는 쌀 투자로 연전연승하며 한 번도 실패해 본 적이 없었기 때문에 조금 자만했던 것도 사실입니다. 1755년 오우 지방에 대기근이 일어나 이듬해 쌀값이 폭등했습니다. 가격 상승세를 지켜보며 지나치다는 생각이 든 저는 얼마 가지 않아 하락세로 돌아설 것으로 생각하고 대량 매도에 나섰습니다. 그런데 예상과 달리 쌀값이 천정부지로 치솟았고, 저는 가지고 있던 자금을 모조리 날리고 초라하게 사카타로 돌아왔습니다. 앞으로 어떻게 살아야 할지 모르겠습니다. 정말 괴롭습니다. 주지스님께 좋은 지혜의 말씀을 들을 수 있을까 해서 염치불구하고 이렇게 찾아 뵙게 되었습니다."

"그래? 정말 큰일을 겪었군그래."

"저는 쌀 투자를 깊이 연구해 쌀 투자에 대해서라면 누구보다도 잘 알고 있다고 생각합니다. 니가타야를 대리경영했을 때는 쌀 투자로 크게 이익을 남겨 재산을 몇 배나 불리는 공을 세우기도 했습니다. 그런 제가 어째서 에도에서는 쌀에 투자해서 크게 실패했는지 그 이유를 모르겠습니다."

"원래 훈수를 두는 사람은 판세를 잘 읽는다고 하지. 실패의 원인은 본인보다 주위 사람들이 오히려 잘 아는 법. 우선 자네 마음속에 나는 누구보다도 쌀 투자를 잘 알고 있다, 한 번도 쌀에 투자해 실패한 적이 없다는 자만심이 자리해 투자를 얕잡아 본 게 문제네. 또 한 가지, 에도에 가기 전, 즉 니가타야의 경영을 맡았던 무렵 자네는 잡생각이 없었네. 그래서 마음을 비우고 오로지 쌀 투자에만 전념할 수 있었지. 덕분에 시세를 정확히 읽을 수 있어 실패를 모르고 연전연승을 거듭할 수 있었던 거야. 그런데 쌀 투자에 너무 치우쳐 있다는 비판을 받고 혼마 가문에 의절당하자 복수심에 불타올라 마음을 비우지 못하게 되었지. 자네의 마음속에는 미쓰오카에 대한 노여움, 분노, 불만이 소용돌이치고 있었어. 쌀 투자로 큰 성공을 거둬 미쓰오카에게 본때를 보여 줘 그의 기를 꺾어 놓고 말겠다는 마음이 가득했던 거지. 자네의 마음속에 마귀가 자리 잡고 날뛰어 자네를 괴롭혔던 거야."

"말씀을 듣고 보니 정말 그랬던 것 같습니다."

"그것이 자네의 마음속 거울을 흐려 놓아 사물을 냉정히 보고 판단하는 능력을 잃게 한 거야. 그럴 때는 무슨 일을 한들 순조롭게 풀리지 않는 법이네. 순조롭게 풀리지 않으니 점점 초조해지고, 초조해지면 초조해질수록 점점 꼬이는 법. 자네는 지금 바로 그런 개미지옥 같은 늪에 빠져 있는 거야."

"그 개미지옥에서 빠져나오려면 제가 어떻게 해야 합니까?"

"글쎄, 당분간 이 절에서 좌선이라도 해 보는 것이 어떨까?"

"좌선을 하면 저를 괴롭히는 잡념에서 벗어날 수 있을까요?"

"벗어날 수 있을지 어떨지는 해 보지 않고는 알 수 없네. 좌선이란 본디 어떤 효과를 얻기 위해 하는 게 아니야. 무언가를 얻기 위해 좌선한다면 그 효과만을 생각해 좌선의 본래 취지를 잊어버리기 십상이거든."

"좌선의 본래 의미는 무엇입니까?"

"마음을 비우는 거지. 나 자신을 온전히 비우는 거야. 자신을 완전히 비워야만 비로소 자신의 본래 모습이 보고, 자신을 둘러싼 모든 것의 진정한 모습이 보이게 된다네."

"살아 있는데 비운다는 게 어떻게 가능합니까? 나를 온전히 비운다는 것은 결국 죽음을 의미하는 게 아닙니까?"

"자네는 부모에게서 생명을 받아 이 세상에 태어났네. 이 세상에 태어나기 전 자네는 무엇이었는지 곰곰이 생각해 보게. 이 세상에 자네는 존재하지 않았네. 즉, 자네는 무의 상태였다네. 무에서 이 세상에 태어나 죽으면 다시 무로 돌아가는 거야. 부모에게 받은 생명이 다하면 또 다시 저 세상, 즉 무의 세계로 돌아가는 거지. 이것을 깨달으면 살아 있는 본래의 의미도 자연히 깨닫게 된다네. 무의 세계로 돌아갈 인간에게 지위나 명예, 돈 같은 게 무슨 가치가 있겠는가? 그런 것들에 사로잡혀 있다 보면 인간으로서 가장 소중한 것을 잃게 되는 법이네."

"인간으로서 가장 소중한 것이 무엇입니까?"

"살아 있는 동안 있는 그대로의 자신을 받아들이고 열심히 살아가는 거지. 그 결과 지위나 명예, 돈이 따른다면 그것을 겸허히 받아들이고 자신에게 그런 지위나 명예, 돈을 준 사회와 세상 사람들에게 감사하고 사회에 가능한 한 봉사하며 받은 만큼 되돌려 주면 되는 거라네. 세상에는 자만심에 가득 찬 사람이 너무도 많아. 출세해서 높은 지위에 앉게 되거나 명예를 손에 쥐고 막대한 재산을 얻게 되면 내 노력과 실력 덕분이지 다른 사람이 도움을 줘서가 아니라고 생각하는 사람이 적지 않다네. 그런 사람은 주어진 지위나 명예, 재산에 만족하지 못하고 주변 사람들을 쫓아 버리고, 속이고, 나아가 다른 사람을 끌어내려서라도 더욱 출세하고 싶어 하고, 재산을 불리고 싶어 혈안이 되지. 그렇게 되면 죽을 때까지, 어쩌면 죽은 후에도 마음의 평안을 얻지 못한다네."

"정말 지당한 말씀이십니다. 제 마음속에는 지금의 혼마 가문을 만든 건 저라는 자만심이 있었습니다. 쌀 투자에서는 상대의 허를 찌르고 남을 속여서라도 돈을 버는 것이 이익이라는 생각이 없었다면 거짓말이겠지요."

"평범한 사람이라면 누구나 그렇다네. 인간은 범인으로 생을 마감하는 사람도 있고, 범인의 수준을 뛰어넘어 훌륭한 위업을 달성하는 사람도 있네. 어차피 주어진 인생이라면 큰 위업을 달성하고 마감하는 것이 좋지 않겠나?"

"큰 위업을 달성하기 위해서는 무엇이 가장 필요할까요?"

"무엇보다 재능과 환경이 갖추어져야겠지. 그렇다고 해서 남들보다 뛰어난 업적을 달성할 수 있는 것은 아닐세. 위업을 달성하려는 강한 의지를 갖고 다른 사람들의 몇십 배, 몇백 배, 몇천 배, 몇만 배나 되는 노력을 거듭하는 것이 무엇보다 중요하네. 다행히 자네는 재능과 환경을 차고 넘칠 만큼 가지고 태어났네. 나머지는 모두 자네의 노력 여하에 달려 있지 않겠는가?"

"다른 사람들은 할 수 없는 위업을 달성하는 것이 진정한 삶의 목적입니까?"

"그런 사람도 있지만 그렇지 않은 사람도 있지. 아무리 좋은 재능과 환경을 갖고 태어났더라도 노력하다가 쓴맛을 보느니 크게 애쓰지 않고 즐기며 살아갈 수 있다면 그것만으로도 충분하다고 생각하는 사람도 있다네."

"제게 만약 재능이 있다면 그 재능을 끝까지 살려 좋은 일을 해서 세상에 보탬이 되겠다는 생각을 해야겠지요."

"재능 있는 사람은 그 재능을 살려 깊이 연구하면 되네. 검술의 달인은 검도를 연구하고, 학자는 학문을 연구하고, 상인은 상도를 연구하면 되는 거야. 자네는 쌀 투자의 달인으로 모든 이에게 칭송을 받는 사람이니 쌀 투자 비법을 연구해 일본 제일의 투자가가 되도록 하게. 그것이 바로 자네가 가야 할 길이 아니겠는가? 비법을 연구한 후 그것을 후세에 전해 투자에 뜻을 둔 많은 사람에게 길을 안내해 주면 되는 거라네. 그렇게 한다면 필시 인류의 진보에도 이바지하게 될걸세."

"주지스님의 말씀을 들으니 살아갈 용기와 희망이 샘솟기 시작하는 것 같습니다."

"자네는 에도의 쌀 투자에서 그동안 한 번도 맛보지 못했던 쓰디쓴 고배를 마시고 지금까지 쌓아 올린 재산을 거의 모두 잃었지. 그런데 투자가로서 그것만큼 귀중한 체험은 없다네. 실패를 모르는 투자가만큼 무서운 것은 없네. 투자의 위험을 모르는 채 승부에 도전한다면 언젠가는 반드시 실패해서 모든 재산을 잃는 것뿐만 아니라, 거액의 빚까지 짊어지고 결국 스스로 목숨을 끊거나 도망을 다니는 신세가 되기 쉽네. 자네는 그런 투자가를 이미 여럿 알고 있지 않은가?"

"잘 알고 있습니다. 투자를 하다 보면 큰돈을 벌기도 하지만, 큰 손해를 보는 경우도 있지요. 실패를 모르는 투자가는 아마 한 명도 없을 것입니다."

"그런 의미에서 자네가 투자가로서 처음 투자에 실패한 것은 실로 행운이 아닌가? 이것으로 자네도 투자의 무서움을 뼛속 깊이 깨닫게 되었을 테니 말이야."

"몸서리칠 만큼 알게 되었습니다. 두 번 다시 재기할 수 없을 것 같아 우울하고 살아갈 의욕조차 없을 정도입니다."

"그렇겠지. 그것으로 됐네. 그래야만 비싼 수업료를 낸 보람이 있지."

"어떻게 하면 투자가로서 재기할 수 있을까요?"

"그건 아주 간단한 일이지. 투자에 실패한 이유가 무엇인가 그것을 곰곰이 생각해 보면 되네. 그 이유가 밝혀지면 그것과 반대의 일을 하면 될 것 아닌가?"

"지당한 말씀이십니다."

"그전에 일단 좌선을 해 보는 것이 어떨까? 뜨거워진 머리를 식히고 약해진 마음을 다잡는 데는 좌선만한 것이 없다네. 지금 자네의 머릿속, 마음속에는 오랫동안 축적된 경험, 지식, 희로애락 등 번뇌가 가득하다네. 이 모든 것을 잊고서 머리와 마음을 비우고 새로운 공기를 불어넣는 거야. 그렇게 하면 지금까지 판단력을 흐리게 한 번뇌로부터 벗어나 정확한 판단을 내릴 수 있게 될 거야."

"좌선을 하면 머릿속과 마음속을 비울 수 있습니까?"

"수행을 하면 그렇게 된다네. 마음을 비우면 모든 진실이 보인다네. 그것을 돕는 것이 좌선이지."

"알겠습니다. 저도 오늘부터 마음을 새롭게 다잡고 주지스님께 지도를 받으며 좌선에 몰두해 보겠습니다."

좌선으로
투자의 혜안을 얻다

무네히사는 좌선 수행을 시작했다. 좌선에서는 무의 경지에 들지 않으면 안 되는데도 머릿속에서는 쌀 투자에 대한 생각이 떠나지 않았다. 무네히사는 에도에서 쌀 투자에 매진하던 때의 상황을 하나하나씩 떠올리면서 주지스님이 건넨 조언과 대조해 보거나 어디에서 어떻게 잘못된 것인지 계속 되돌아보았다. 마치 바둑이나 장기 명인이 복기하면서 자기가 둔 수가 올바른지, 어디가 잘못됐는지 반성하듯 말이다. 그러는 사이 무네히사는 쌀 투자에서 실패한 이유를 조금씩 알게 되었다.

니가타야의 경영을 맡았을 때는 쌀 투자에서 연전연승하며 손해를 본 일이 거의 없었다. 그것은 니가타야의 자금이 풍족해 설령 실패해서 손해가 나더라도 다음 투자로 만회하면 된다는 마음의 여유가 있었기 때문이었다. 그러나 니가타야의 경영에서 완전히 손을 뗀 뒤에는 한정된 자금으로 투자를 해야 했기 때문에 예전만큼 자금에 여유가 없었다. 그것이 마음의 여유를 잃게 했던 것이다. 게다가 미쓰오카에 대한 원망과 분노가 사그라들지 않아 미쓰오카에게 본때를 보여 주자, 미쓰오카에게 지고 싶지 않다는 욕심이 마음을 흐리게 해서 평상심을 잃게 만들어 순수한 마음으로 투자에 몰두할 수 없었다. 니가타야의 3대 당주가 된 미쓰오카가 사업을 궤도에 올리고 순조롭게 확장해 세인들의 평판이 높아진 것에 대한 초조함과 질투심도 시세를 읽는 눈을 흐리게 했다.

게다가 매도에 실패했는데도 매수로 돌아서지 않고 괜한 오기를 부리며 팔기를 계속했다. 예상이 빗나갔는데도 시세를 자기 마음대로 움직이려고 억지로 매도를 거듭했던 것이다. 시세는 자연의 섭리에 따라 움직이는데 그것을 억지로 바꾸려고 해서 실패한 것이다. 그것이 손실을 크게 키운 요인 중 하나였다.

또 니가타야를 경영할 때는 쌀 투자에 관련된 중요한 정보를 입수해 쉽게 시세를 읽을 수 있었다. 그러나 니가타야와 인연이 끊긴 후에는 그런 중요한 정보를 알 수 있는 방법이 없었다. 입수한 정보라고는 주로 누군가가 풍문으로 전해들은 이야기뿐이었다. 직접 장사를 하면서 얻는 살아 있는 정보는 좀처럼 들어오지 않았다.

이처럼 투자에 실패한 원인들이 하나둘씩 생각났다. 투자에서 실패하지 않는 비결은 실패한 원인을 밝혀 같은 실수를 두 번 다시 되풀이하지 않는 것이다. 그런 의미에서 투자의 달인이 되기 위해서는 주지스님이 말했듯이 한 번쯤 큰 실패를 경험해 둘 필요가 있었다. 투자에서 실패한 뒤 두려워져 두 번 다시 투자에 손을 대지 않기로 마음먹을지, 아니면 그 같은 경험을 교훈 삼아 투자의 달인이 되기 위한 길을 걸을 것인지 선택하는 바는 저마다 다를 것이다.

무네히사는 나에게는 투자밖에 없다, 투자야말로 내가 살 길이라고 생각하며 투자 비법을 알아내기 위해 연구에 연구를 거듭해 나가기로 결심했다. 그는 쌀 시세 추이, 쌀 작황, 자신이 매매한 금액이나 수량, 천재지변, 누가 얼마나 매매했는지 등 모든 정보를 자세히 기록했다. 그리고 그것을 분석해 쌀 시세에는 일정한 법칙이 있음을 발견했다. 이를 바탕으로 독자적으로 캔들을 이용한 차트를 개발해 과거의 바닥이나 천장 가격과 현재의 시세를 비교함으로써 쌀 시세가 앞으로 어떻게 움직일지 등 쌀 시세를 판단하는 자료로 활용했다.

자금력만 믿고 감과 배짱에 의존하는 다른 투자가들과 달리 무네히사는 정확한 데이터 분석을 통해 쌀을 매매하는, 당시로서는 매우 이색적인 투자가였다. 물론 간혹 예상이 빗나가 손해를 보는 경우도 있었으나 그런 경우에도 실패의 원인을 점검한 후 곧바로 반대매매를 해서 손실을 최소한으로 줄였다.

무네히사는 철저한 투자 전략, 필승의 투자 전술을 찾기 위해 닥치는 대로 병법서를 모아 몇 번이고 반복해서 읽었다. 병법은 투자와 통하는 점이 있어 배울 게 많았다. 무네히사는 병법서에서 인상 깊은 말을 발췌하고 거기에 자신의 감상이나 체험 등을 추가해 자신만의 투자 비법서를 만들었다. 그것은 투자에 임할 때 마음가짐을 가다듬거나 투자전략, 투자전술을 세울 때 큰 도움이 됐다. 이렇게 해서 투자 비법이 점차 모습을 갖추었지만 그는 항상 무언가 부족한 느낌을 받았다.

떨어질 것으로 확신했던 쌀 시세가 예상과 달리 떨어지지 않고 계속 올라 큰 손실이 발생한 적이 있다. 예상이 왜 틀렸을까? 쌀 시세에 결정적인 영향을 미치는 것은 쌀의 작황인가, 다이묘나 쌀 도매상, 투자가 같은 시세 변동을 이끄는 주역들의 매매 등 수급 관계인가, 아니면 투자가들의 투자 심리인가? 이런 의문에 대한 명확한 해답을 찾을 수 없었기 때문이다.

삼위의 방책,
작황·심리·가격으로 시장을 꿰뚫어라

어느 날 무네히사는 가이안지의 주지스님 지몬(智門) 화상을 찾아가 차를 마시며 담소를 나누고 있었다. 무심코 정원을 바라보는데 벚나무에서 꽃잎이 하늘하늘 떨어졌다. 무네히사는 불현듯 의문이 생겼다.

"정원에는 아름다운 벚꽃이 피어 있고 그 꽃잎이 하늘거리며 떨어지고 있습니다. 바람이 꽃잎을 떨어지게 하는 것입니까, 아니면 꽃잎이 스스로 떨어지는 것입니까?"

그러자 스님은 한순간의 머뭇거림도 없이 이렇게 대답했다.

"바람이 아니라 자네의 마음이 움직이는 것 아니겠는가?"

스님의 뜻밖의 대답에 무네히사는 당혹스러움을 금치 못했다.

그로부터 며칠 후 주지스님은 참선 중인 무네히사에게 유명한 화두를 던졌다.

"어느 절에서 2명의 수행 승려가 사소한 일로 논쟁을 벌였네. 깃발이 바람에 흔들리는 것을 본 한 승려가 깃발이 움직인다고 말했지. 그러자 다른 승려가 깃발이 아니라 바람이 움직이는 것이라고 응수했네. 두 사람 모두 자기 의견이 옳다며 조금도 물러서지 않았다네. 마침 로쿠소에노[六祖慧能] 선사라는 유명한 고승이 지나가기에 두 사람은 누구의 말이 맞는지 물어보았지. 그러자 고승은 이렇게 대답했다네. 깃발이 움직이는 것도, 바람이 움직이는 것도 아니다. 깃발을 바라보는 그대들의 마음이 움직이는 것이라고 말일세. 이것이 바로 그 유명한 비풍비번(非風非幡) 화두라네. 로쿠소에노 선사가 과연 무엇을 말하려고 했던 것인지 잘 생각해 보게."

주지스님의 "바람이 아니라 자네의 마음이 움직이는 것 아니겠는가?"라는 말의 의미를 알아내기 위해 무네히사는 매일 좌선을 하며 오로지 스님이 던진 화두만을 생각했다. 깃발은 바람이 불지 않으면 움직이지 않는다. 그런 의미에서는 바람이 깃발을 움직이는 것이다. 그러나 바람이 아무리 강하게 불어도 깃발이 없으면 바람은 깃발을 움직일 수 없다. 바람이 부는 것과 깃발이 존재하는 것이 동시에 일어나지 않으면 깃발이 움직일 수 없다. 그런데 아무리 바람이 불어 깃발을 날려도 누군가가 이를 보지 않으면 바람이 깃발을 움직였다는 사실을 알 수 없다. 그런 의미에서 깃발의 움직임을 지켜보는 사람이 있어야 한다. 즉, 깃발과 바람, 사람이 삼위일체가 되어야 비로소 깃발은 움직이는 것이다!

생각이 여기에 미치자 무네히사는 눈을 번쩍 떴다. 시세도 마찬가지다. 쌀 시세를 움직이는 것은 쌀(가격)도 아니고, 재료(쌀의 작황, 수급 관계)도 아니다. 투자하는 사람들의 마음(투자 심리, 인기)도 아니다. 이 3가지가 삼위일체가 되어 쌀 시세가 움직이는 것이다. 이런 사실을 깨닫지 못한 채 쌀 가격만 바라본들, 재료만 바라본들, 투자 심리나 인기만 본들 쌀 시세를 알 순 없다. 이러한 사실을 무네히사는 처음으로 깨달았다. 자신의 마음을 비우고(無心), 시세와 한 몸이 돼야만 시세의 실체가 보인다. 이런 깨달음을 스님에게 이야기하자 "옳거니. 이제 됐네. 자네는 투자가이니 그것을 자네의 장기인 쌀 투자에 적용해 보게"라고 격려해 주었다.

무네히사는 이를 바탕으로 '삼위의 방책'이란 독자적인 투자 비법을 엮어 냈다. '삼위의 방책'은 시세가 쌀의 작황 등 재료만으로 결정되는 것이 아니고, 시장에서의 인기(투자 심리, 수급 관계)만으로 결정되는 것도 아니며, 시세의 위치(쌀 가격의 수준)만으로 결정되는 것도 아니라 이 3가지 요인이 한데 어우러져(삼위일체) 결정된다는 내용이다. 1가지 요인에만 신경을 써서 치우친 채 판단을 내리면 시세를 잘못 읽게 마련이다.

예를 들면 투자가들이 사고 싶거나 팔고 싶을 때와 절호의 매수 시점(바닥) 혹은 절호의 매도 시점(천장), 나아가 호재와 악재가 교차하는 시기 사이에는 큰 격차가 있을 수 있다. 투자 심리에 편승해 투자에 손을 댔다가는 사면 안 되는 때(천장) 사고, 팔면 안 되는 때(바닥) 파는 실수를 범하게 된다.

천장이나 바닥을 정하는 것은 투자 심리나 인기, 재료만은 아니다. 자연의 이치에 따르는 부분이 크다. 때문에 현재 시세, 재료, 투자 심리(인기) 등을 전체적으로 보고 천장이나 바닥을 예측한 뒤 천장이라고 판단되면 팔고, 바닥이라고 판단되면 사며, 천장이나 바닥이 아니면 때가 올 때까지 몇 개월이고 기다려야 쌀 투자에 성공할 수 있다.

또한 무네히사는 좌선을 통해 마음을 비우는 것이 얼마나 중요한지 깨달았다. 마음을 비우면 있는 그대로의 세계를 있는 그대로 바라볼 수 있고, 있는 그대로 자신의 모습을 있는 그대로 받아들일 수 있다. 시세를 볼 때도 욕심에서 벗어나 있는 그대로의 시세를 깨끗한 마음으로 바라볼 수 있다. 욕망과 기대라는 색안경을 통해 보면 눈이 흐려져 시세를 있는 그대로 바라볼 수도, 받아들일 수도 없게 된다. 그러나 마음을 비우면 시세와 혼연일체가 되어 시세를 순수하게 바라볼 수 있다. 마음이 깨끗하기에 시세를 정확히 예측할 수 있는 것이다. 이로써 무네히사의 방황은 끝이 났다.

천재의 부활,
되살아난 데와의 덴구

무네히사가 쌀 투자의 재기 장소로 선택한 곳은 오사카 도지마 [堂島]였다. 무네히사는 사카타에 남겨 둔 토지와 가옥 등을 처분해 자금을 마련한 뒤 오사카로 향했다. 자신이 생각해 낸 투자 비법이 얼마나 통할지 우선 도지마에서 시험해 보고 효과가 있으면 에도로 나가 승부를 걸어 볼 생각이었다. 같은 실수를 두 번 다시 되풀이해서는 안 되기에 도지마에서 시험해 볼 생각이었던 것이다.

매수에 나설 때라고 판단한 무네히사는 바닥권에서 몇 번 나눠 대량 매입했다. 시세는 예상대로 대폭 상승했다. 그리고 이쯤이 천장이라는 판단이 들자 단숨에 매도로 돌아서 큰 이익을 거뒀다.

이처럼 예상이 거의 적중해 무네히사는 도지마에서의 쌀 투자로 에도에서 잃었던 자금의 몇십 배나 되는 이익을 거머쥘 수 있었다. 그는 도지마에서 마침내 '데와의 덴구', '투자의 달인', '투자의 신'으로 불리며 옛 명성을 되찾았다.

도지마에서의 성공으로 자신감을 갖게 된 무네히사는 다시 에도에 거처를 마련하고 쌀 투자에 전념했다. 무네히사는 에도에서도 승승장구하며 '데와의 덴구', '투자의 신'이라는 칭송을 받았다. 그의 이름은 에도뿐만 아니라 오사카 도지마, 사카타 등 일본 전국에 알려지게 되었다. 그 무렵 투자가 무네히사를 두고 다음과 같은 노래가 불렸을 정도다. "사카타는 해가 쨍쨍하고, 도지마는 흐리고, 에도의 쌀 창고 앞에는 비가 내리네."

에도 시대의 천재지변,
심화된 부의 편중, 봉기하는 민중

쌀 투자에서 타인의 불행은 내게 좋은 기회가 되기도 한다. 쌀이 전국적으로 흉작인 해에는 쌀 가격이 폭등해 매수로 큰돈을 벌 수 있다. 반대로 쌀이 전국적으로 풍작인 해에는 쌀 가격이 폭락해 공매로 돈을 벌 수 있다. 팔고 사는 것 모두 가능한 투자가는 어느 쪽이든 가격이 큰 폭으로 움직이기만 하면 큰돈을 벌 기회가 있는 셈이다.

1707년에는 전국적으로 지진이 발생했고, 후지산이 분화했다. 1732년에는 서일본을 중심으로 메뚜기 떼가 나타나 큰 흉작을 초래해 쌀 가격이 6~7배나 폭등했다. 이로 인한 사망자는 1만 2000명에 달했다. 1716~1736년에는 농민 봉기가 189건이나 일어났다. 에도에서 큰 화재가 일어난 해를 보면 1657년(사망자 10만 명), 1668년, 1698년, 1711년, 1717년, 1720년, 1721년, 1760년, 1772년, 1786년, 1806년, 1829년 등 거의 10년에 한 번꼴로 발생했다. 1738년에는 아사마산[淺間山]이 분화해 분진이 멀리 도호쿠 지방 상공까지 확산돼 한낮에도 어두컴컴한 날이 지속돼 대기근이 일어났다. 1787년에는 쌀 가격이 폭등해 에도와 오사카에서 마을 백성이 쌀 도매상을 습격하는 등 폭동이 발생했다. 1786년에는 에도에서, 1788년에는 교토에서 각각 큰 화재가 발생해 서민의 생활을 더욱더 곤궁에 몰아넣었다.

대기근이 발생하면 쌀 시세가 급등해 비정상적으로 높은 가격이 형성된다. 이런 때 쌀 도매상이나 대지주 등은 쌀을 매점매석한 뒤 시장에 방출하지 않고 가격이 오르기를 기다렸다. 때문에 에도나 오사카 등에서는 쌀을 구하지 못한 사람들이 봉기를 일으켜 쌀 도매상을 습격했다. 농촌에서는 흉작으로 연공미를 내기는커녕 자신들이 먹을 쌀조차 궁해진 농민들이 폭동을 일으켰다. 빈부의 격차가 커져 부자들은 점점 더 풍요로워져 유복한 생활을 하고 가난한 사람들은 당장 그날 먹을 끼니를 걱정해야 하는 어려운 생활이 계속됐다.

《세사견문록(世事見聞錄)》에는 이 무렵의 시대상이 다음과 같이 기록돼 있다.

> 지금 세상은 빈부가 편중되어 덕이 있는 자(부자)가 한 사람 있으면 그 주위에는 곤궁한 백성이 20명 혹은 30명이나 있어 (중략) 부유한 사람들은 그 많은 덕을 독식하면서 영화를 누리고, 다른 곳의 재물까지도 탐할 만큼 여유를 부린다.

쌀의 흉작으로 쌀 가격은 급등했고 서민들의 생활을 더욱더 곤궁해졌다. 반대로 풍작일 때는 쌀이 많이 융통되기 때문에 가격이 급락했다. 쌀 가격이 급락하면 쌀로 급여를 받는 다이묘와 가신의 생활이 어려워져 이들의 빚이 늘어나고 그 빚을 갚느라 더욱 곤궁해질 수밖에 없는 악순환에 빠졌다.

참고로 1732년, 1782~1787년, 1833~1836년에 에도 시대 3대 기근이 일어났다. 이 중 쌀값이 가장 폭등했던 시기는 1833~1836년으로, 1석당 1냥 전후던 쌀값이 3냥을 넘어서며 고가를 기록했다. 무네히사는 이 시기에 쌀 투자로 큰 이익을 남겨 거액의 재산을 모아아 천재 투자가라는 이름을 되찾았다.

제6장

무네히사와 제자들, 투자를 논하다

쌀 투자에 있어 큰 성공을 거둔 무네히사의 제자가 되기를 바라는 투자가가 적지 않았다. 무네히사는 쌀 투자가, 쌀 도매상, 자산가 등 문하생들의 요청에 응해 때때로 강습회를 열었다. 이 자리에선 투자에 임할 때의 마음가짐, 사카타 5법 등 폭넓은 주제에 대해 이야기가 오갔다.

❋ ❋ ❋

쌀 투자에 있어 큰 성공을 거둔 무네히사의 제자가 되기를 바라는 투자가들이 적지 않았다. 그중 몇몇은 무네히사의 가르침을 받아 그의 제자임을 자처했다. 대표적인 인물이 이시카와 젠베, 구즈오카 이소카, 하야사카 도요조[早坂豊藏]다. 이 외에도 젠베나 이소카 등과 가깝게 지낸 투자가들, 쌀 도매상들, 쌀 투자가 취미인 상점 주인, 자산가 등도 얼굴을 내밀었다. 무네히사는 문하생들의 요청에 응해 때때로 강습회를 열었다. 무네히사는 이 자리에서 쌀 투자에 임할 때의 마음가짐은 물론 쌀 시세를 판단하는 법과 사카타 5법 등 폭넓은 주제에 대해 이야기했다.

투자에서 실패는 병가지상사

"저는 쌀 투자에 있어서는 초보입니다. 저 같은 초보가 쌀 투자에서 성공하기 위해서는 무엇이 가장 필요할까요?" 모임에 처음으로 얼굴을 내민 기름 도매업자 나카야마 기하치[中山喜八]가 물었다.

"투자는 고독한 일입니다. 기댈 곳은 오로지 자신의 판단력과 결단력, 자금력밖에 없습니다. 다른 사람들의 판단을 믿고 투자를 해서는 안 됩니다. 다른 사람들의 말을 듣고 투자를 했다가 예상이 빗나가 실패하면 자신의 안이한 예측이나 판단력을 반성하지 않고 애써 가르쳐 준 사람을 원망하게 됩니다. 그렇게 되면 3가지 소중한 것을 잃게 됩니다. 우정과 돈, 그리고 투자에 대해 철저히 공부할 기회 말입니다."

"그렇군요. 실패는 투자에 대해 철저히 공부할 수 있는 기회인 셈이군요. 저는 실패하지 않으려는 생각만 했는데……."

"투자를 시작한 지 얼마 안 된 사람은 한 번쯤 크게 고배를 마셔 보는 것도 필요합니다. 그래야 투자가 얼마나 무서운 것인지 알게 되고 어떻게 해야 투자에 실패하지 않을지, 어떻게 해야 투자에 큰 성공을 거둘지 진지하게 공부하게 되는 법입니다."

"크게 실패하고 나면 두 번 다시 투자에 손대고 싶지 않게 될 수도 있지 않습니까?"

"그렇게 생각하는 사람은 투자를 당장 관둬야 합니다. 투자는 누가 시켜서 강제로 하는 것이 아니니까요. 한 번 실패했다고 해서 관둘 거라면 투자 같은 것은 생각도 하지 말고 본업에 충실하는 게 현명한 처신입니다."

"매번 실패하고 손해를 봐도 투자를 계속하려는 사람이 투자에 적합하다는 뜻입니까?"

"실패한 후의 자세가 중요합니다. 실패한 것은 운이 나빴기 때문이라거나, 다른 사람에게 잘못된 정보를 들었기 때문이라고 생각하는 사람은 투자에 어울리지 않습니다. 그런 사람들은 당장 투자를 관둬야 합니다. 투자에 실패한 후 공부가 부족했다거나 판단이 안이했던 것을 철저히 반성하고 선승이 참선에 정진하듯이 자신의 몸을 닦고 투자 비법을 연구하는 데 매진하는 사람만이 투자를 계속할 자격이 있습니다. 또 그런 사람만이 투자를 해서 큰 성과를 남길 수 있습니다."

"투자에도 수행이 필요하군요. 투자가 도박이 아니라 훌륭한 수행이 되기도 한다는 말씀이시지요?"

"투자를 도박과 혼동하는 사람이 적지 않은데, 그런 사람들은 투자를 해도 반드시 크게 실패해 재산을 모조리 잃고 투자의 세계에서 곧 사라지게 마련입니다. 도박은 배짱과 감의 세계이지만 투자는 지혜와 판단력, 인내심의 세계입니다. 인격을 수양하지 않으면 투자의 명인, 달인이 될 수 없습니다."

"투자를 단순히 돈을 버는 수단으로 생각하면 안 된다, 수행으로 생각하라는 말씀이십니까?"

"그렇습니다. 그렇게 생각하는 사람만이 투자의 세계에서 살아남을 수 있습니다."

"잘 알겠습니다."

"투자에서 실패는 병가지상사입니다. 예상이 크게 빗나가 큰 손실을 볼 수도 있기 때문에 투자에 사용하는 돈은 전부 잃더라도 상관없는 돈, 즉 여유 자금으로 해야 합니다. 투자해서 손해를 봐도 상관없는 금액을 사전에 정해 두고, 상한선을 넘어 손해를 본 경우에는 투자에서 깨끗이 손을 떼 그 이상 손해를 늘려서는 안 됩니다. 괜한 오기로 빚까지 져 가며 투자를 계속하는 사람이 있는데, 가산을 탕진하고 야반도주하는 사람이 바로 이런 사람입니다. 사실 저도 그런 사람 중 한 명이었습니다. 빚을 내 투자를 해 가게와 집을 모조리 잃고 길바닥을 전전할 때 혼마 선생님께서 도와주셨습니다." 젠베가 머리를 긁적이며 덧붙였다.

"투자를 얕보는 것은 금물이지만 필요 이상 겁내는 것도 잘못된 생각입니다. 투자의 달인으로 불리는 사람도 처음부터 달인이었던 것은 아닙니다. 어떻게 하면 실패하지 않을지 그 비결을 익혀 조금씩 달인의 경지에 오르게 되는 것입니다." 무네히사는 이렇게 이야기를 마무리했다.

투자가의 성공 비결,
마음 속 맹수, 감정을 단련하라

"투자가로서 성공할 수 있는 비결이 있다면 무엇입니까?" 젠베가 무네히사에게 질문했다. 무네히사는 잠시 생각하더니 다음과 같이 대답했다.

"투자가로서 성공하기 위해서는 투자의 성질, 특징, 습성 등을 철저히 알아낸 후 절호의 매수 시점인 바닥 시세에 사고 절호의 매도 시점인 천장 시세에 팔며, 절호의 매수, 매도 시점이 올 때까지는 인내심을 가지고 기다리는 게 중요합니다. 이를 위해 투자가로서의 견식(지식, 사고력, 선견지명, 판단력), 인내심, 실행력(행동력) 등을 닦아야 할 필요가 있습니다.

검의 명인이나 달인이 다른 즐거움을 모두 희생하면서 오로지 검술을 수련하는 데만 몰두하듯이, 투자의 명인이나 달인이 되기 위해서는 오로지 투자만을 연구하고 마음을 단련해야 합니다. 술이나 여자, 도박, 바둑, 장기 등 유흥에 빠진 사람은 투자가로 대성하기 힘듭니다.

명인이나 달인 못지않은 지식을 가졌더라도 그 뛰어난 지식을 제때때 투자에 적용하기 위해서는 절호의 매수 시점인 바닥이나 절호의 매도 시점인 천장이 올 때까지 기다릴 줄 아는 인내심이 필요합니다. 그리고 절호의 매수, 매도 시점이 왔을 때는 과감하게 바닷속이나 불 구덩이에 뛰어들 수 있을 정도의 결단심, 실행력, 행동력이 필요합니다.

시세가 바닥일 때는 투자 환경이 최악이기 때문에 아무도 사려는 사람이 없어 더욱더 바닥으로 곤두박질치게 마련입니다. 그럴 때는 마음이 소심해지기 쉬워 사는 데 상당한 용기와 결단력, 실행력이 필요합니다. 이럴 때는 소극적인 마음을 이겨 낼 수 있는 강한 이성적 사고력이 요구됩니다.

천장에서 팔 때도 마찬가지입니다. 시세가 천장일 때는 투자 환경이 굉장히 좋아 가격이 끝없이 계속 올라갈 것처럼 보입니다. 지금 천장에 가깝다는 것을 알면서도 대폭락이 다가오는 것은 좀 더 나중 일이라고 생각해 더욱 적극적으로 매수에 나서는 사람이 대부분입니다. 그러나 어떤 시세라도 천장을 찍은 후에는 조만간 크게 하락하게 되어 있습니다. 시세가 크게 떨어지기 전에 처분해야 하는데, 조금 더 가격이 회복된 뒤 팔겠다는 생각에 좀처럼 매수에 나서지 못합니다. 그러는 사이에 가격이 점점 더 떨어져 회복 불가능하다는 사실을 알게 됐을 때에야 겨우 포기하고 모든 것을 놓을 결심을 하게 됩니다.

　대부분의 사람이 감정을 이겨 낼 수 있는 이성을 겸비하고 있지 못합니다. 술에 취한 사람은 그것이 좋지 않다는 것을 머릿속으로는 잘 알면서도 술을 마시고 싶다는 욕구를 이기지 못해 결국 또 술에 손을 대고, 술에 취하는 실수를 거듭합니다. 그러나 투자를 할 때 그런 식으로 행동했다가는 큰 손해를 보고 신세를 망치게 될 수도 있습니다."

　"그렇게 되지 않기 위해서는 어떻게 해야 할까요?" 쌀 도매상을 하는 마쓰다 기하치로가 물었다.

　"투자 연구에 매진할 뿐만 아니라 마음을 단련해야 합니다. 감정, 즉 욕망과 이성을 조절하는 마음, 강한 의지력이 필요합니다. 감정과 이성을 자신의 뜻대로 움직일 수 있다면 달리는 범에게 날개를 달아 주는 셈이지요. 감정은 행동력을 높여 줍니다. 그러나 이성으로 억제하지 않으면 이내 폭주해 터무니없는 방향으로 돌진하고 맙니다. 이성으로 올바른 방향을 정하고 그 방향을 향해 감정을 발판 삼아 달려간다면 어마어마한 행동력이 생겨날 것입니다.

　감정과 이성이 일체가 되어 하나의 방향을 향해 달리기 시작할 때, 우리는 엄청난 힘을 발휘해 도무지 인간의 능력으로 볼 수 없는 훌륭한 위업을 달성하게 됩니다. 그런 의미에서 감정은 우리들의 마음속에 살고 있는 야수와 같습니다. 그 야수를 제어하는 이성은 마음의 조련사라고 할 수도 있지요. 자신의 마음속에 사는 맹수를 다룰 수 없는 사람이 투자라는 더 복잡하고 거대한 맹수를 다룰 수 있을 리 만무합니다."

마음을 닦아
투자의 도를 밝혀라

"마음속에 살고 있는 맹수, 즉 감정이나 욕망을 이겨 내기 위해서는 어떻게 해야 할까요?" 기하치로가 다시 질문했다. 그는 기생집에 드나들기를 즐기는 것으로 유명했다.

"마음속에 살고 있는 감정과 욕망이라는 맹수를 이겨 내기 위해서는 수행하는 수도승처럼 좌선을 한다든지, 폭포수 아래에서 수행을 한다든지, 험난한 산행을 해 본다든지, 단식을 한다든지, 차가운 얼음물에 몸을 담그고 《논어》나 병서를 읽으며 술이나 노름 등 좋아하는 것들을 끊는 등 여러 가지 방법을 시도해 보는 게 좋겠지요."

"굳이 그렇게까지 힘들게 수행을 해야만 쌀 투자를 할 자격이 있는 겁니까?"

"쌀 투자에 손을 대는 것뿐이라면 누구에게나 자격이 있습니다. 돈만 있으면 누구나 쌀 장사를 할 수 있으니까요. 그러나 쌀 투자에서 큰 성과를 얻으려고 한다면 공부나 절제가 필요합니다. 남들이 하는 만큼 하면서 남들 이상의 성과를 기대하는 것은 너무나도 뻔뻔한 생각입니다. 그렇게 뻔뻔한 사람은 하늘의 노여움을 사 결국 큰 손실을 입을 게 뻔합니다. 물론 앞서 말한 여러 가지 수행법을 모두 실천할 필요는 없습니다. 그중 한두 가지라도 해 보려는 마음을 갖는 것 자체가 중요합니다."

"그렇군요. 저도 오늘부터 각오를 새롭게 다져 보겠습니다."

투자가로서 성공하는 사람,
투자가로서 실패하는 사람

무네히사의 강습회에서는 간혹 이런 일이 논의의 대상이 되는 일도 있었다.

"울지 않는 두견새는 죽여야 한다는 오다 노부나가[織田信長]와 울지 않는 두견새는 울게 해야 한다는 도요토미 히데요시[豊臣秀吉], 울지 않는 두견새는 울 때까지 기다려야 한다는 도쿠가와 이에야스[德川家康], 이렇게 3명이 투자가가 되었다면 누가 가장 많은 이익을 올렸을까요?"

쌀 도매상인 요시노 곤자부로[吉野權三郞]가 선배 투자가들에게 이런 질문을 던졌다. 무네히사는 젠베나 이소카에게 의견을 물었다. 자신이 먼저 대답해 버리면 다들 눈치를 보느라 자신의 의견을 말하는 게 어려워질 수도 있기 때문이었다.

젠베는 이렇게 대답했다.

"투자가로서 가장 적합한 사람은 누구보다도 뛰어난 직감과 판단력, 행동력을 가진 오다 노부나가 아니겠습니까? 시세가 오를지 떨어질지는 직감으로 판단해야 하는 요소가 큽니다. 노부나가는 직감이 뛰어났습니다. 그리고 매사를 속전속결로 정했고, 결정한 일은 곧바로 실행에 옮기는 뛰어난 실행력을 가진 사람이었기 때문에 그라면 절호의 매수, 매도 시점을 놓치는 일이 없을 겁니다."

"그럼 셋 중 투자에 가장 어울리지 않는 인물은 누구라고 생각합니까?"

"제 생각에 가장 어울리지 않는 사람은 도쿠가와 이에야스입니다. 이에야스는 물고기 한 마리 없는 연못에서 하루 종일 낚시를 해도 전혀 지루해하지 않는 성격인 것 같습니다. 그런 성격으로는 투자의 흐름을 잘 탈 리 없습니다."

"도요토미 히데요시는 투자가 적성에 맞을까요? 아니면 적성에 맞지 않을까요?"

"도요토미 히데요시는 이 두 사람의 중간적인 존재로 투자의 흐름을 타는 건 잘하겠지만, 자신감 과잉으로 자신의 능력을 과신해 쌀을 매점해서 시세를 끌어올리는 일을 태연스럽게 할 인물입니다. 다시 말해 투자를 안이하게 생각하는 경향이 있어서 결국 큰 실수를 저지를 것 같습니다."

이소카는 다음과 같이 답했다.

"저는 도요토미 히데요시가 투자가로서 가장 적임자라고 생각합니다. 노부나가는 너무 격정적이라 지나치게 성질이 급하고, 이에야스는 너무 신중해서 지나치게 느긋합니다. 둘 다 한쪽으로 치우친 면이 있는데, 히데요시는 그 중간에 위치해 있어 투자가로서 균형이 가장 잘 잡혀 있는 것 같습니다."

무네히사의 대답은 다음과 같았다.

"내가 볼 때 셋 중에서 투자가로서 가장 적임자이자 투자로 가장 큰 이익을 남길 수 있는 사람은 도쿠가와 이에야스 같습니다. 이에야스는 시세가 바닥을 쳤을 때 샀다가 시세가 천장에 도달할 때까지 언제까지고 느긋하게 기다릴 수 있는 사람이기 때문입니다. 그는 어릴 때 인질이 된 적도 있고, 성인이 된 후에도 전쟁에서 몇 번이나 패배를 맛보며 목숨을 잃을 뻔한 적 있습니다. 그런 불운을 무사히 극복하고 결국 노부나가나 히데요시가 이루지 못했던 일본 통일, 안정된 막부 수립을 달성했습니다. 끝까지 목표를 놓치지 않고 절호의 기회가 올 때까지 끈기 있게 몇 년이든 몇십 년이든 기다릴 수 있는 정신력, 인내심은 투자가가 되었더라도 유감없이 발휘되었을 것입니다.

그다음으로 투자에 성공할 수 있는 사람은 히데요시입니다. 그가 투자가가 되었다면 정보를 수집하고 그 정보를 분석해 시세의 향방을 예측하는 이론적인 투자를 할 겁니다. 때로는 동료를 모아 투기 집단을 결성해 강제로 시세를 조작하는 일도 태연스럽게 할 겁니다. 그러나 그런 방식은 자신의 무덤을 팔 수도 있기 때문에 투자가로서는 조금 문제가 있을 수도 있습니다.

노부나가는 투자가로서 필요한 직감, 판단력, 결단력, 행동력 면에서는 세 사람 중에서 단연 뛰어납니다. 그러나 자기과신이 지나친 데다 성격까지 급해 성급하게 결론을 내리려는 경향이 있습니다. 때문에 결국 도박 같은 투자를 하기 쉬워 설령 일시적으로 큰돈을 벌더라도 어딘가에서 그만큼 혹은 그 이상으로 큰 손해를 봐 결국 재산을 몽땅 잃을 가능성이 있습니다. 천하제패를 눈앞에 두고 결국 자기 심복인 아케치 미쓰히데[明智光秀]에게 배신당해 목숨을 잃게 된 것도 바로 그 때문입니다. 지나친 자기과신이 방심을 초래했고, 그 방심이 목숨을 앗아간 것입니다."

"그렇군요. 역시 도쿠가와 이에야스입니까? 저도 그렇게 생각했습니다."

"다만 그것은 추측일 뿐 실제로 그들이 투자가가 되었더라면 당연히 다른 결과가 나올 수도 있습니다."

"그건 무슨 뜻입니까?"

"성격이 느긋한 사람, 태연자약해서 작은 일에 연연하지 않는 대범한 사람, 돌다리도 두드려 가며 건너는 신중한 사람이 반드시 투자에 성공하고, 성격이 급한 사람이 반드시 투자에 실패한다고는 할 수 없다는 뜻입니다. 낚시의 명인 중에는 성격이 급한 사람이 많다고 합니다. 태평스럽고 느긋한 낚시꾼은 물고기가 없는 곳에 낚싯줄을 드리우고도 몇 시간이고 낚시찌를 바라보며 기다리다가 결국 한 마리도 낚지 못하지만, 성격이 급한 사람은 한 마리도 낚이지 않으면 물고기가 많이 있을 법한 곳을 찾아 이동하기 때문에 결국 물고기를 낚게 되는 법입니다. 투자도 마찬가지입니다. 절호의 매수 시점이 아닐 때 사거나 절호의 매도 시점이 아닐 때 팔면 아무리 느긋하게 기다려도 큰 성과를 거둘 가능성이 없습니다. 투자의 흐름을 잘 읽고 절호의 매수 시점, 절호의 매도 시점이라는 정확한 판단을 내릴 수 있는가, 또 그렇게 정확한 판단을 내린 후 용기를 내 행동으로 옮길 수 있는가, 이것으로 투자가로서의 성공 여부가 결정됩니다. 정확한 판단, 과감한 행동을 할 수 있는 사람이라면 성격이 급하든 느긋하든 투자에 성공할 수 있습니다. 다만 사람은 화가 나면 냉정한 판단, 정확한 판단을 하기 어려워지기 때문에 다혈질인 사람은 투자에 실패할 가능성이 큰 게 사실이지요."

"이에야스는 명언을 많이 남겼습니다. 그 명언을 투자에도 활용할 수 있을 것 같은데, 어떻습니까?"

"이에야스는 여러분도 아시다시피 유명한 교훈을 많이 남겼습니다. '인생은 무거운 짐을 짊어지고 머나먼 길을 떠나는 것과 같다. 서두르지 마라', '이기는 것만 알고 지는 것을 모르면 그 해악이 몸에 미치게 될 것이다', '나 자신을 탓하고 남을 탓하지 마라', '미치지 못하는 것은 지나친 것보다 낫다' 같은 격언들이 바로 그것이지요. 이런 명언들은 투자 철학과도 일맥상통합니다. 이에야스는 투자가가 되었더라도 투자의 세계에서 틀림없이 천하를 제패했을 것입니다."

제7장

혼마 무네히사,
병법으로 투자를
배우다

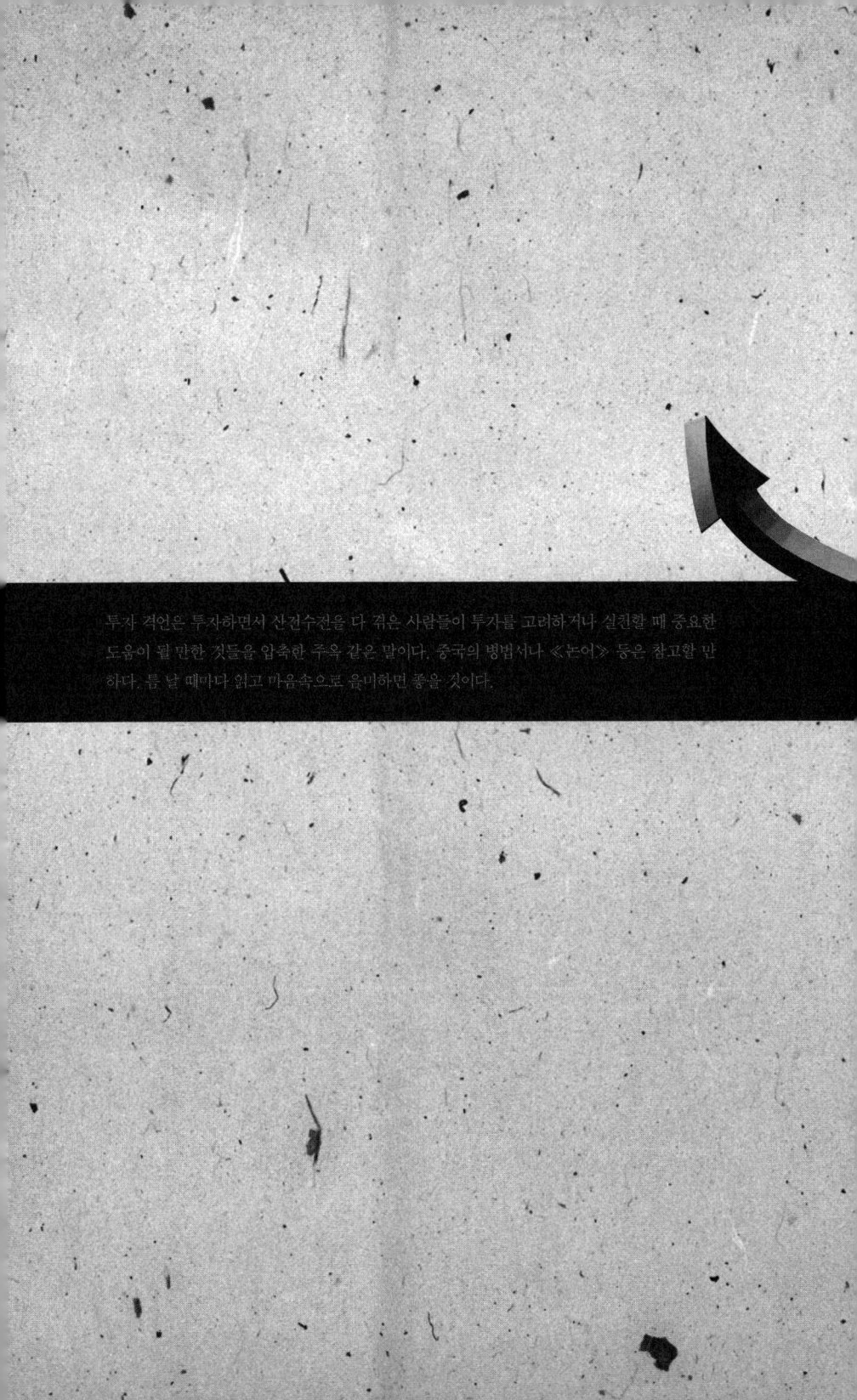

투자 격언은 투자하면서 산전수전을 다 겪은 사람들이 투자를 고려하거나 실천할 때 중요한 도움이 될 만한 것들을 압축한 주옥 같은 말이다. 중국의 병법서나 《논어》 등은 참고할 만하다. 틈 날 때마다 읽고 마음속으로 음미하면 좋을 것이다.

전략과 전술의
차이

　무네히사의 강연회에서는 유명한 중국 병법서도 종종 토론의 소재로 등장해 병법을 투자에 어떻게 활용하면 좋은지 의견이 오가곤 했다.
　"선생님께서는 병법서로 투자 전략이나 전술 등을 연구하신다고 들었는데, 어떤 병법서를 참고하시는지요?" 구즈오카 이소카가 질문했다.
　"중국에서 전해지는 병법서 중 《손자병법(손자)》, 《오자》, 《위료자》, 《육도》, 《삼략》, 《사마법》 등이 널리 알려져 있는데, 이 중에서 가장 투자에 도움이 되는 전략, 전술이 기술된 책은 여러분도 잘 알고 계시는 《손자병법》입니다. 저 역시 이 책을 몇 번이고 숙독해서 그것을 쌀 투자에 어떻게 응용하면 좋을지 계속 생각하고 있습니다. 그리고 가까운 사람들에게 《손자병법》을 꼼꼼히 읽어 보라고 권하고 있습니다."
　"저도 선생님의 권유로 《손자병법》을 매일 읽고 있습니다." 이시카와 젠베가가 맞장구쳤다.
　"그런 병법서를 읽으면 투자 전략과 전술을 잘 알 수 있다는 말씀이신데, 전략과 전술이 확실히 어떻게 다른지 모르겠습니다." 이소카가 말했다.

"병법에서는 싸움에서 이기기 위해 무엇보다 중요한 것이 전략이라고 합니다. 싸움에서 전략은 승패의 3분의 2를 좌우하고 전술은 3분의 1밖에 기여하지 않기 때문에 전략을 잘못 세우면 아무리 전술이 뛰어나도 전략의 실패를 만회할 수 없습니다. 반대로 전술에 다소 실수가 있어도 전략이 치밀하면 전술의 실수를 만회할 수 있습니다. 이는 투자에도 꼭 들어맞는 이야기입니다. 그럼 전략과 전술의 차이는 어디에 있을까요?"

무네히사는 잠시 숨을 돌리며 모여 앉은 제자들의 얼굴을 둘러보았다. 모두들 무네히사의 말을 한마디도 놓치지 않겠다는 표정으로 귀를 기울이고 있었다.

"전략이란 싸우기 위해 필요한 종합적인 준비 계획, 운영 방법 등을 말합니다. 전술은 전장에서의 개별 진퇴, 작전, 전투 방식 등을 말합니다. 즉, 전략은 대국적 견지에 선 작전이며, 전술은 개별 상황에 맞는 임기응변식 대처법이라고 할 수 있습니다."

"전략과 전술의 차이를 투자에 적용하면 어떻게 될까요?" 젠베가 질문했다.

"투자에서 전략이란 쌀 투자를 시작하기 전의 준비를 의미합니다. 지금이 쌀 매수 시점인지 매도 시점인지, 아니면 사고 파는 것 모두 잠시 유보해야 할 시점인지를 기후나 쌀의 작황, 쌀 도매상 등의 비축미 양 등으로 판단하는 것입니다. 다만 시세란 오를 것 같아도 예상과 달리 떨어질 수도 있고, 떨어질 거라고 확신해도 예상과 달리 오르는 경우도 있습니다. 그런 경우에도 당황하지 않도록 마음의 준비를 해둘 필요가 있습니다. 또 투자에 나서 자금을 얼마나 투입하고, 쌀 시세가 어느 정도 오르면 반대 매매를 해서 이익을 확보할지 사전에 생각해 두는 것도 전략입니다."

"그럼 쌀 투자에서 전술이란 무엇을 일컫습니까?" 이소카가 물었다.

"쌀 투자에서 전술이란 시시각각 변화하는 시세에 어떻게 대처할지 그때그때 생각하는 것입니다. 예상이 적중했을 때 언제 어디서 반대 매매를 해서 이익을 남길 것인지, 아니면 더욱 적극적으로 사들일지, 예상이 빗나가 손실이 났을 때 서둘러 손절매를 해서 손실을 최소한으로 줄일지, 아니면 평저화(평고화)할지 즉시 판단해야 합니다. 이렇게 투자 환경의 변화에 따라 투자법을 바꾸어 나가는 것이 투자 전술입니다.

다시 말해 전략이란 투자를 시작하기 전에 필요한 여러 가지 준비, 계획 등을 말하고, 전술이란 투자를 시작한 후에 시시각각으로 변하는 시세에 맞춰 어떻게 대처하면 좋을지 생각하는 것을 말합니다."

"전략이나 전술을 생각할 때 가장 중요한 것은 무엇일까요?" 젠베가 물었다.

"전략에는 무엇보다 대국적인 시각이 필요하고, 전술에는 괘선(차트)를 읽는 방법이나 경험 등이 필요합니다."

무네히사는 이야기를 이어 나갔다.

"대국적 시각이란 시세가 지금 어떤 상태며, 앞으로 어떻게 움직일 것인가 하는 시세 전체의 움직임에 대한 확고한 견해나 생각을 확립하는 것입니다. 우선 지금 시세가 바닥권인지 천장권인지 판단해야 합니다. 이것은 과거의 가격 추이를 살펴보면 쉽게 알 수 있습니다. 과거의 천장 가격과 바닥 가격을 비교해 현재 가격이 어느 수준인지 판단합니다. 그리고 앞으로 가격이 어떻게 될지 예측합니다. 이를 위해서는 쌀의 작황이 어떤지, 풍작이 될지 흉작이 될지, 아니면 보통 수준일지 조사합니다. 쌀 도매상에게 비축미를 얼마나 저장하고 있는지도 물어볼 필요가 있습니다. 투자에서 가장 중요한 것은 정확한 대국적 시각을 갖는 것입니다. 이것만 확실히 갖춘다면 투자에 크게 실패할 일은 없습니다."

"전략이나 전술이 성공한 경우와 실패한 경우엔 어떤 차이가 있을까요?" 비단 장수 쓰카다 리헤[塚田利平]가 물었다.

"전쟁에서는 목숨을 걸고 싸우기 때문에 전략과 전술의 사소한 차이로 목숨이 왔다 갔다 할 수도 있고 출세에도 영향을 미칩니다. 투자에서는 목숨 다음으로 소중한 돈을 걸고 싸워야 합니다. 전략, 전술의 성공 여부에 따라 자산가가 되어 풍요로운 생활을 보낼지, 재산을 모조리 잃고 거지와 다를 바 없는 생활을 해야만 할지 그 후의 명암이 크게 좌우됩니다. 전술의 실패는 치명상이 되지 않지만 전략의 실패는 치명상이 될 수도 있습니다. 바둑의 세계에서 '눈으로는 대국을 보고, 손으로는 소국을 본다'라는 말이 있습니다. 큰 그림을 그린 후 작은 부분에 착수해 전체적으로 큰 그림대로 끌고 갑니다. 그것이 바둑에서 승리하는 비결입니다. 싸움과 투자도 마찬가지입니다."

쌀 투자에 도움이 되는
병법의 명언들

"처음으로 강연회에 나온 사람도 있으니 좀 더 구체적으로 《손자병법》에 나오는 명언들을 투자에 어떻게 활용해야 할지 한 말씀 해 주실 수 있습니까?"

무네히사의 수제자를 자처하는 젠베가 제안했다. 무네히사가 기꺼이 동의하자 젠베가 말했다.

"저는 평소 선생님께 배운 것들을 이 공책에 기록해 틈 날 때마다 읽어 보며 공부하고 있습니다. 이 중에는 병법의 명언에 대한 내용도 있으니 기록을 보면서 질문하겠습니다."

"알겠습니다. 무엇이든 질문해 보십시오."

"우선 '지피지기면 백전불패'라는 말부터 설명해 주십시오. 누구나 아는 너무나도 유명한 명언인데, 이 말을 투자에 어떻게 활용하면 좋을까요?"

"전쟁에서 싸울 때는 상대의 실력, 전법 등을 잘 파악한 후 아군의 실력 전법 등을 숙지해서 비교하고 나서 작전을 세우면 몇 번을 싸워도 싸움을 유리하게 끌고 나갈 수 있습니다. 쌀 투자도 마찬가지입니다. 쌀 투자가 어떤 것인지 잘 이해한 후 자신의 성격, 자금력, 투자에 대한 지식, 판단력, 결단력 등을 종합적으로 판단해 자신이 쌀 투자에 적합한 사람인지 생각해 본 연후에 투자하면 투자에 실패할 리 없습니다. 그런데 쌀 투자가 어떤 것인지 제대로 모르는 채 일확천금을 꿈꾸며 섣불리 뛰어드는 사람이 적지 않습니다. 이런 사람들은 대부분 큰 손해를 보고 가산을 탕진한 채 실의에 빠지기 일쑤입니다. 숙련된 투자가도 투자에 계속 성공하는 게 어려운데, 쌀 투자에 대한 지식이나 경험이 거의 없는 초보가 손을 댄들 이득을 볼 리 없지요."

"그럼 '더불어 싸워야 할 때와 더불어 싸우지 말아야 할 때를 아는 자는 승리한다'라는 말은 어떻습니까?"

"적극적으로 팔거나 사야 할 때가 있고, 사거나 팔면 안 되는 때가 있습니다. 쉬면서 상황을 지켜봐야 할 때도 있습니다. 지금이 그중 어떤 시기인지 안다면 투자에 실패할 일은 없습니다. 그러나 투자에 손을 대는 많은 사람이 시세가 천장에 가까워 사면 안 될 때 사고, 시세가 바닥이어서 팔면 안 될 때 팔아 손해를 봅니다. 그래서는 투자로 돈을 벌 수 없지요."

"이번에는 '백전백승이 최상의 전략은 아니다. 싸우지 않고 적을 온전히 굴복시키는 것이 최상의 방법이다'라는 말에 대해 설명해 주십시오."

"전쟁에서 싸움에서 이기는 것이 최선이 아닙니다. 싸우지 않고 상대를 굴복시켜 이기는 것이 최선의 방책입니다. 실제로 싸우면 패할 수도 있고, 운 좋게 이기더라도 우리 쪽에 사상자가 생겨 아군의 손실이 발생하기 때문입니다. 마찬가지로 어려운 투자에 도전해 연전연승하는 것을 최선의 투자라고 할 순 없습니다. 어려운 투자는 실패할 가능성이 크고 설령 잘되더라도 큰 이익을 기대할 수 없기 때문입니다. 그보다는 누구든지 확실히 이익을 남길 수 있을 때 적극적으로 투자해 자산을 크게 불리는 것이 최선의 투자입니다."

"누구든지 이익을 남길 수 있는 때는 어떤 때인가요?"

"시세가 오랫동안 하락을 거듭한 후 바닥을 치고 상승세로 돌아설 때입니다. 이런 경우 일정 기간 계속 상승하게 돼 있습니다. 상승세로 돌아서기 직전의 바닥 시세, 혹은 상승세로 돌아선 직후의 싼값에 사 두면 어지간한 일이 없는 한 초보자라도 돈을 벌 수 있습니다."

"다음으로 '전쟁에서는 승리하는 것이 귀중하지 장기전이 귀중한 것이 아니다'라는 구절에 대해 설명해 주십시오."

"싸움은 이기는 것이 중요하지 오래 싸우는 것이 중요한 것은 아닙니다. 투자도 마찬가지입니다. 오랫동안 투자한다고 해서 자산을 불릴 수 있는 것은 아닙니다. 투자에서 중요한 것은 자산을 크게 불리는 것입니다. 끝없이 계속 투자한다면 언젠가 필시 크게 실패해 크게 손실을 보기 십상입니다. 시세가 예상과 크게 다르게 전개된다면 당장 반대 매매를 해서 투자를 쉬는 것이 중요합니다. 끝까지 자기의 투자관에 집착해 투자를 계속하는 것은 스스로 무덤을 파는 꼴입니다."

"그럼 '장수된 자는 지(智), 신(信), 인(仁), 용(勇), 엄(嚴)을 갖춰야 한다'라는 말은 투자와 어떻게 연결시킬 수 있을까요?"

"장수로서 필요한 덕목은 지혜, 신뢰, 인애(인덕), 용기, 엄격함입니다. 지, 신, 인, 용, 엄은 투자가에게도 중요한 덕목입니다. 인이란 절호의 기회가 올 때까지 지긋이 참고 기다리는 것을 뜻합니다. 그리고 절호의 기회가 오면 과감히 도전하기 위한 용기가 필요합니다. 시세에 변화가 생길 때는 시세를 둘러싼 환경을 잘 관찰한 후 시세가 앞으로 어떻게 움직일지 예상하는 지혜가 요구됩니다. 용기가 있어도 지혜(지성)가 없으면 투자에 성공할 수 없고, 지혜가 뛰어나도 용기가 없으면 기회를 살릴 수 없습니다."

"지혜와 용기가 투자에 반드시 필요한 것은 알겠는데 신, 엄이 투자에 필요한 이유는 무엇인지요?"

"신에는 두 가지 의미가 있습니다. 자신을 믿는 것, 자신이 열심히 연구하고 생각해서 내린 결론을 믿고 투자에 임하는 것이 그중 하나입니다. 시세가 조금이라도 자기 예상과 달리 움직이면 당황해서 어쩔 줄 몰라 하는 사람도 있지만, 굳은 신념을 가진 사람은 눈앞의 작은 움직임에 좌우되지 않고 시세의 큰 흐름을 읽습니다. 또 하나는 주위 사람들에게 신뢰를 받는 것입니다. '고수에게 붙고 하수를 거슬러라'라는 투자 격언이 있습니다. 예상이 적중해 큰 이익을 남기는 투자가(고수)는 누구든 신뢰하고 주목하기 때문에 그를 추종하게 마련입니다. 즉, 그 투자가가 사면 다른 사람들도 사고, 그 투자가가 팔면 다른 사람들도 팝니다. 때문에 고수 투자가의 예상은 더욱더 적중하게 됩니다. 예상이 빗나가 손해만 봐서 신용을 잃은 하수 투자가에게는 반대의 일이 일어납니다. 그 투자가가 사면 다른 사람은 팔고, 그 투자가가 팔면 다른 사람은 삽니다. 때문에 하수 투자가는 점점 더 예상이 빗나가 실패하게 됩니다.

또한 투자에 승부를 거는 사람은 항상 자신에게 엄격해야 합니다. 투자로 큰돈을 벌어 흥청망청 먹고 마시며 보내는 사람도 있는데, 그런 자세로는 투자를 해서 큰일을 이룰 수 없습니다. 아무리 큰돈을 벌어도 유흥에 빠지지 않고 항상 자신에게 엄격하며 절제하고 공부에 매진하는 등 평소의 수련이 필요합니다."

"'승산이 크면 이기고, 승산이 작으면 이길 수 없다. 하물며 승산이 없다면 어떠하겠는가'라는 말에 대해 설명해 주십시오."

"싸움에서 승산이 크면 이기고 승산이 작으면 이길 수 없습니다. 하물며 승산이 전혀 없으면 이길 수 없는 게 당연합니다. 투자에서도 시세가 상승할 가능성이 높을 때는 매수로 이익을 낼 수 있으나 상승할 가능성이 낮을 때는 매수로 이익을 낼 수 없습니다. 하물며 쌀 시세가 상승할 전망이 전혀 보이지 않을 때는 사더라도 결코 이익을 낼 가능성이 없습니다."

"쌀 시세가 상승할 가능성이 높은 때는 언제입니까?"

"전국적으로 쌀 풍년이 계속되어 쌀 가격이 3~10년 만에 가장 싼 시기 같은 경우입니다. 쌀 가격이 너무 싸면 쌀로 급여를 지급받는 다이묘나 가신은 힘들어집니다. 그래서 쌀값이 역대 최저가에 도달한 후 순식간에 상승세로 돌아설 가능성이 높아집니다. 또 풍작이 몇 년 지속된 후에는 반드시 흉작을 만나게 마련입니다. 흉작이 되면 쌀 시세가 급등하기 때문에 역대 최저가일 때는 상승세로 돌아설 가능성이 높습니다."

"'전쟁을 잘하는 사람은 먼저 이길 수 없도록 만든 연후에 적을 이길 수 있기를 기다린다'라는 말은 어떻습니까?"

"뛰어난 장수는 우선 지지 않을 태세를 갖춘 후 적에게 이길 수 있는 기회를 기다리는 법입니다. 훌륭한 투자가는 투자에 실패하지 않도록 철저히 준비한 후에 성공할 기회가 올 때까지 지긋이 기다립니다. 인내심을 가지고 5년에 한 번, 10년에 한 번씩 찾아오는 매수 시점을 지긋이 기다렸다가 그때가 오면 적극적으로 사는 것이 투자에 성공하는 핵심 비결 중 하나입니다."

"그런데 시세가 크게 폭락해 5년에 한 번, 10년에 한 번씩 찾아오는 바닥 가격에 도달하면 가격이 어디까지 떨어져야 바닥을 찍은 것인지 알 수 없어 불안과 공포심에 사로잡혀 좀처럼 살 마음이 생기지 않습니다. 그래도 사야 하나요?" 기하치로가 물었다.

"시세는 얼마든지 상식에서 벗어날 수 있기 때문에 상식적으로는 불가능할 만큼 값이 떨어지거나 값이 오를 때가 있습니다. 그렇게 상식적으로는 불가능할 만큼 값이 떨어졌을 때가 바로 절호의 매수 시점입니다. 5년이나 10년에 한 번, 20년에 한 번꼴로 값이 크게 떨어질 때가 바로 그 대표적인 경우입니다. 그럴 때는 불구덩이에 뛰어드는 심정으로 과감하게 사야 합니다. 상식적으로 불가능할 만큼 값이 치솟았을 때는 절호의 매도 시점입니다. 그때는 지금까지 샀던 쌀을 전부 팔고 투자에서 손을 떼야 합니다. 조만간 시세가 천장을 찍고 크게 폭락할 것이기 때문입니다."

"'이길 수 없는 자는 지키고, 이길 수 있는 자는 공격한다'라는 말에 대해 설명해 주십시오."

"싸움에서 이길 태세가 갖추어져 있지 않을 때는 지키는 데 전념하고, 이길 태세가 갖추어졌을 때는 과감히 공격해야 합니다. 마찬가지로 투자에 성공할 준비가 돼 있지 않을 때는 쉬어야 합니다. 이런 때는 지키는 투자로 일관하고, 투자 환경이 정비되고 자금이 준비되었을 때, 즉 투자에 성공할 준비가 돼 있을 때 적극적으로 투자해야 합니다."

"'잘 싸우는 자는 이길 수 있는 적을 상대해서 승리한다. 그런 장수의 승리는 지략도, 명성도, 용기도, 공적도 아니다'라는 말도 있습니다."

"뛰어난 장수는 이길 수 있는 상황을 미리 만들어 놓고 승리하기 때문에 이기더라도 지혜롭다거나 용맹스럽다는 칭찬을 받지 않습니다. 너무 쉽게 이기기 때문입니다. 쌀 투자에서는 누구나 이익을 남길 수 있는 투자 환경도 있지만, 투자의 달인도 실패할 수밖에 없는 어려운 투자 환경도 있습니다. 진정한 투자의 달인은 누가 하더라도 성공할 수 있을 만큼 투자 환경이 좋을 때, 다시 말해 시세가 바닥에 가까울 때, 상승세로 돌아선 직후에만 투자하고 어려운 투자 환경일 때, 다시 말해 시세가 천장에 가까울 때는 결코 무리하지 않습니다."

"'격한 물살이 돌을 표류케 함은 기세다'라는 말에 대해 한 말씀 부탁 드립니다."

"격류가 휘몰아쳐 큰 바위도 떠내려가게 하는 것은 물살에 기세가 있기 때문입니다. 일단 본격적으로 상승세가 시작되면 엄청난 기세로 상승하는 경우가 많습니다. 반대로 시세가 천장을 찍고 하락세로 돌아서면 엄청난 기세로 계속 하락하는 법입니다. 그럴 때 시세에 지나친 감이 있다고 생각해 상승장일 때 매도하거나 하락장일 때 매수한다면 시세의 격류에 휩쓸려 떠내려가기 쉽습니다. 시세의 흐름과 기세를 무시하고 이치로만 따지면 실패하게 됩니다."

"'먼저 전지에 나가 적을 기다리는 자는 편하고, 늦게 전지에 나가 싸움을 하는 자는 고생이 많다'라는 말에 대해 설명해 주십시오."

"먼저 싸움터에 와서 적을 기다리는 사람은 마음에 여유가 있고 늦게 전장에 온 사람은 마음에 여유가 없어 고전하게 마련입니다. 이는 투자도 마찬가지입니다. 상승세가 시작되기 직전 또는 직후 매수에 나서는 사람은 상승세의 중반쯤에 이르면 꽤 이익을 남긴 상태라 여유를 가지고 차익을 남길 시점을 선택할 수 있습니다. 그러나 상승장 후반 매수에 나선 사람은 마음에 여유가 없어 시세가 조금만 올라도 급하게 차익을 남기려 하고, 예상과 달리 가격이 떨어지면 성급하게 손절매하려고 합니다. 무리해서 계속 가지고 있다가는 천장 가격을 붙잡아 고생하게 마련입니다."

"연회가 끝날 때쯤 참석해 맛있는 요리나 술은 먹어 보지도 못하고 비싼 회비만 내고 집에 돌아와야 하는 상황과 비슷하네요."

무네히사는 쓴웃음을 지었다.

"그렇다고 할 수 있지요."

"그럼 끝으로 '빠르기는 바람과 같고, 느리기는 숲과 같고, 공격은 불과 같고, 멈춤은 산과 같고, 예측할 수 없음은 어둠과 같고, 움직임은 천둥번개 같다'라는 말에 대해 설명해 주십시오."

"싸움에서는 행동을 바람처럼 빨리 하고, 고요하기는 숲과 같고, 공격할 때는 열화와 같이 하고, 불리할 때는 산처럼 묵직하게 움직이지 않고, 알 수 없음이 어둠 속과 같고, 행동을 일으킬 때는 마치 천둥이 주변을 뒤흔들어 놓듯 격렬해야 한다는 뜻입니다. 투자를 할 때도 결단을 내렸으면 바람처럼 재빨리 움직이고, 절호의 매수, 매도 시점을 기다릴 때는 숲처럼 고요히 기다리고, 절호의 기회가 도래

했을 때는 불이 활활 타오르듯 적극적으로 투자하며, 이익을 남기고 쉴 때는 산처럼 느긋해야 합니다. 그리고 자신이 시세에 대해 어떤 생각을 가지고 있고, 앞으로 어떻게 행동할지 아무도 모르게 행동해야 합니다. 큰 승부를 걸 때는 판도를 뒤흔들어 놓을 만한 기세로 적극적으로 나서야 합니다."

"이는 모두 《손자병법》에 나오는 말들입니다. 모두 싸움에서 이기기 위해서는 어떻게 해야 하는지 알려 주는 것으로, 투자에 승리하기 위한 비결로 활용할 수 있는 말들입니다. 여러분들도 깊이 음미하여 몇 번이고 반복해서 읽어 보면 좋을 것입니다."

투자의 격언, 투자를 배우다

"투자 격언이 쌀 투자를 할 때 참고가 될까요?" 비단 장수 쓰카다 리헤가 무네히사에게 질문했다.

"투자 격언은 투자하면서 산전수전을 다 겪은 사람들이 투자를 고려하거나 실천할 때 중요한 도움이 될 만한 것들을 짧은 문장으로 압축한 주옥 같은 말들입니다. 틈 날 때마다 읽어 보고 마음속으로 음미하십시오. 단 투자 격언을 제대로 이해하지 않은 채 투자에 응용한다면 실패할 수도 있기 때문에 주의해야 합니다."

"유용한 격언으로 무엇이 있을까요?"

"호랑이 굴에 들어가야 호랑이 새끼를 잡는다"라는 유명한 투자 격언이 있습니다. 귀한 호랑이 새끼를 얻으려면 호랑이가 사는 동굴에 들어가는 위험을 무릅써야 합니다. 그러나 무턱대고 호랑이 굴에 들어갔다가는 어미 호랑이의 습격을 받아 목숨이 위태로워지게 마련입니다. 어미 호랑이는 어떤 위험을 감수하고서라도 필사적으로 새끼들을 지키려고 할 것이기 때문입니다. 따라서 호랑이 새끼를 얻고자 한다면 호랑이의 성질이나 습성 등을 철저하게 연구해야 합니다. 어미 호랑이가 언제 먹이를 구하러 가는가, 어디까지 먹잇감을 사냥하러 나가는가, 어떤 것을 먹잇감으로 삼는가, 그 사이 새끼 호랑이들은 어떻게 어미가 돌아오길 기다리는가, 어미 호랑이와 만났을 때는 어떤 무기를 가지고 있으면 몸을 지킬 수 있는가 등등 여러 상황을 고려해 그에 대처할 방법을 생각해 둔 후에 호랑이 굴에 가야 합니다."

"그렇군요. 안 그러면 새끼 호랑이를 잡으러 갔다가 오히려 어미 호랑이에게 잡혀 호랑이 밥이 될 테니까요."

"그렇습니다. 이는 투자에도 적용되는 이야기입니다. 투자에 성공하려면 철저히 연구해 투자의 모든 상황을 충분히 숙지해 둬야 합니다. 잘 알지도 못한 채 투자에 손을 대는 것은 수영도 못 하면서 바다로 뛰어들거나, 재산을 몽땅 내다버리는 짓이나 다를 바 없는 그야말로 자살 행위입니다. 아무리 총 솜씨가 없어도 여러 발 쏘다 보면 결국 맞는다지만, 되는 대로 투자에 손을 대다 보면 어쩌다가 이익을 남길 수도 있지만 그런 이익이 오래 지속될 리 없습니다. 투자는 누구나 목숨 다음으로 소중히 여기는 돈을 걸고 뺏느냐, 뺏기느냐를 판가름내는 승부입니다. 투자가가 투자에 승부를 거는 것은 무사가 진검으로 승부를 거는 것과 똑같습니다. 그야말로 인생을 걸고 승부를 하는 것입니다. 그런 중요한 승부를 하는데 투자가 무엇인지 제대로 연구하지 않고, 투자가로서 자신의 기량을 갈고닦으려는 노력도 하지 않은 채 안이하게 투자에 손을 대는 사람이 수두룩합니다. 이는 스스로 자기 재산을 내다버리는 행동이나 다를 바 없습니다."

투자가는 모두 상대방을 이기려고, 상대방으로부터 돈을 빼앗으려고 쌀 거래에 참여하는 것입니다. 이를테면 잡아먹느냐 잡아 먹히느냐를 놓고 벌이는 목숨을 건 승부인 셈이지요. 어쩌면 호랑이와 맞서는 것 이상으로 두려운 싸움인지도 모릅니다. 이때 가장 큰 무기가 되는 것은 투자에 대한 지식입니다. 시세의 움직임을 정확히 예상해 적중한 사람이 이기고, 예상이 빗나간 사람이 지게 돼 있습니다. 하지만 제대로 연구한다면 쌀 투자는 호랑이를 상대로 싸우는 것보다는 안전하고 재미있는 일이지요."

"짧은 문장 속에 실로 깊은 의미가 숨겨져 있군요."

"한 가지 주의해야 할 것이 있다면, 표면적인 의미만 이해하고 그 속에 담긴 진정한 의미를 이해하지 못한다면 약이 돼야 할 투자 격언이 반대로 독이 될 수도 있다는 점입니다."

"투자 격언 이야기가 나왔으니 오늘은 투자 격언에 대해 공부해보기로 할까요?" 젠베가 제안했다.

"좋습니다." 무네히사가 응했다.

"유명한 격언 중에 '사람이 다니는 길 뒤로 꽃이 가득한 산길이 있다'라는 말이 있습니다."

"상인이자 차의 명인으로 유명한 센노리큐(千利休)가 남긴 말이지요. 이 말은 장사나 투자에도 적용됩니다. 예를 들어 메밀국수 가게가 인기라고 해서 너도 나도 메밀국수 가게를 개업한다면 과당경쟁으로 결국 모두 망하게 됩니다. 쌀 시세가 크게 올라 투자에 성공한 사람이 큰돈을 벌면 지금까지 쌀 투자에 관심이 없었던 사람들까지 '쌀 투자가 그렇게 짭짤한가? 그럼 나도 한 몫 잡아 볼까?' 생각하게 돼 쌀 투자에 손을 대는 사람이 급증하게 됩니다. 그러나 그때쯤 쌀 시세는 이미 아주 많이 올라 있는 상태라 새로 뛰어들기엔 너무 늦어 결국 큰 손해를 보게 되는 경우가 허다합니다.

장사에서 성공하려면 누구보다 빨리 시작하는 것이 성공의 비결입니다. 쌀 투자도 마찬가지입니다. 누구나 겁이 나서 사지 못하는 바닥 가격에 사서 누구나 사고 싶어 하는 천장 가격에 파는 것이 쌀 투자에서 큰 재산을 일구는 최선의 비결입니다. 그런데 대다수의 사람이 그 반대로 움직입니다. 누구나 사고 싶어 하는 천장 시세일 때 쌀을 사고, 누구나 팔고 싶어하는 바닥 시세일 때 쌀을 팝니다. 즉 쌀 투자에서는 누구나 사고 싶을 때, 투자 환경이 좋을 때가 오히려 매도 시점이고 누구나 팔고 싶을 때, 투자 환경이 나쁠 때가 오히려 매수 시점입니다. 이를 가장 적확히 표현한 말이 '사람이 다니는 길 뒤로 꽃이 가득한 산길이 있다'라는 격언입니다."

"다음으로 모두들 흔히 듣는 '빠르다고 생각할 때가 늦은 때고, 늦었다고 생각할 때가 빠른 때다'에 대해서 설명해 주십시오. 알 것 같기도 하고 모를 것 같기도 한 아리송한 말이라서요."

"매매 시점을 판단하는 데 따르는 어려움을 정확하게 표현한 투자 격언이군요. 가격이 많이 떨어져 매수에 나서야 할 때라고 생각해서 사고 나면 쌀값이 크게 떨어지는 경우가 종종 있습니다. 또 큰 폭으로 올라 이젠 매도 시점이라고 생각해 팔고 나면 가격이 더 올라 실패하는 경우도 있습니다. 그래서 저는 지금이 절호의 매수, 매도 시점이라고 생각해 매매하려는 마음이 커져도 거래를 서두르지 않고 이삼일 기다리며 상황을 지켜봅니다. 사고 싶고, 팔고 싶은 마음이 커질 때는 지금밖에 절호의 매수, 매도 시점이 없다는 생각으로 머릿속이 들떠 있어 냉정한 판단을 할 수 없습니다. 그러나 이삼일 참고 시세의 움직임을 지켜보면 점차 냉정을 되찾고 들뜬 마음도 차츰 수그러져 정말 지금이 절호의 매수, 매도 시점인지 냉정히 판단할 수 있게 됩니다. 이삼일 기다려도 역시 지금 매수, 매도 시점이라는 생각에 변함이 없다면 그때는 거래를 해도 됩니다. 이런 경우에는 또 한 가지 대처 방법이 있습니다. 절호의 매수 시점이라는 생각이 들어도 사려는 분량을 한꺼번에 사는 게 아니라 두세 번으로 나누어 삽니다. 파는 경우에도 마찬가지로 두세 번으로 나누어 팝니다. 그러면 처음에 너무 빨리 사서 바닥 시세보다 조금 비싼 가격에 사게 됐더라도 가격이 좀 더 떨어졌을 때 두세 번으로 나누어 사기 때문에 매수 평균 가격을 떨어뜨릴 수 있고 매수의 호기를 놓칠 위험을 크게 줄일 수 있습니다."

" '산이 높으면 골도 깊다' 라는 말에 대해서도 설명을 부탁드립니다."

"활황으로 바닥가에서 크게 오른 시세는 천장을 찍고 크게 떨어지게 마련입니다. 오르는 폭이 클수록 떨어지는 폭 또한 큰 법입니다. 이를 두고 '산이 높으면 골이 깊다'라고 합니다. 활황이 되는 데는 천재지변이 일어나거나 전국적으로 흉작이 드는 등 나름의 이유가 있습니다. 그러나 그렇다고 해서 흉작이 몇 년씩 지속되는 것은 아닙니다. 반드시 풍년이 드는 해가 옵니다. 활황을 초래한 원인이 없어지면 시세는 크게 무너져 활황이 시작된 시점까지 가격이 떨어지는 것이 일반적입니다. 활황으로 쌀값이 폭등해 천장 가까이까지 가격이 오르면 확실히 이익을 챙기고 투자를 몇 개월, 경우에 따라서는 1~2년 쉴 필요가 있습니다. 큰 상승세 후에는 반드시 큰 하락세가 나타나기 때문입니다."

"투자에 성공하는 사람의 조건은 '운, 끈기, 기회', '운, 배짱, 흥정', 혹은 '운, 근성, 끈기'라고 합니다. 이런 말들은 어떻습니까?"

"인생에서 성공하는 데 필요한 것은 첫째가 운, 둘째가 배짱, 셋째가 흥정이라고 합니다. 첫째가 운, 둘째가 돈, 셋째가 배짱, 혹은 운, 근성, 끈기라고도 합니다. 이것은 투자에도 들어맞는 말입니다. 운이 없을 때는 무엇을 하더라도 잘 풀리지 않는 법입니다. 투자의 손실을 만회하려고 조급해질수록 손해를 보게 마련입니다. 이럴 때는 차라리 투자를 쉬고 머릿속을 비운 채 시세의 향방을 지켜보는 것이 낫습니다. 투자하는 데 있어서 돈이 필요한 것은 당연합니다. 그런데 빚으로 모은 돈이라면 실패가 용납되지 않기 때문에 마음의 여유가 없어져 실패할 가능성이 더욱더 커집니다. 이런 이유에서 투자는 전부를 잃어도 생활에 지장을 주지 않을 여유 자금으로 해야 합니다. 절호의 매수 시점은 아무도 사려는 마음이 들지 않을 만큼 투자 환경이 좋지 않을 때입니다. 그럴 때 사기 위해서는 바닷물이나 불구덩이에 뛰어들 정도의 각오와 배짱이 필요합니다. 그러나 운과 배짱, 돈 3가지가 있다고 해서 투자에 성공할 거라고 생각하면 오산입니다. 투자에 대한 깊이 있는 지식도 필요합니다. 지식은 전문가의 이야기를 듣거나 책을 읽어 얻을 수도 있지만, 경험을 쌓아 키우는 게 가장 좋은 방법입니다. 경험이 뒷받침되지 않은 지식은 단순히 이론적인 지식으로, 뿌리를 내리지 못한 나무와 비슷해서 조금만 강한 바람이 불어도 쉽게 쓰러지고 맙니다. 경험이 뒷받침된 지식은 깊이 뿌리 내린 나무처럼 강풍이 불어도 끄떡하지 않을 만큼 강합니다."

"'투자 자금과 연을 날리는 실은 끝까지 다 쓰지 마라'라는 격언에 대해 한 말씀 해 주시지요."

"쌀 투자에 손을 댈 때 있는 돈을 모조리 퍼부어 쌀을 매매하면 안 됩니다. 예를 들어 투자를 위해 1000냥의 자금을 준비해 두었다면, 그중 3~5할 범위 내에서 매매해야 합니다. 이 정도가 바닥 시세라는 생각이 들어도 사는 것은 3할 정도만 해야 합니다. 바닥이라고 생각한 수준에서 더 크게 가격이 하락하는 경우도 많기 때문입니다. 그럴 경우에는 크게 가격이 떨어질수록 매수를 늘려 나갈 수 있도록 자금을 조금씩 분산해서 매입합니다. 그렇게 하면 예상보다 훨씬 가격이 떨어져도 평균 매수가를 낮출 수 있기 때문에 상승세로 돌아섰을 때 이익을 크게 늘릴 수 있습니다. 현금을 많이 남겨 두면 시세가 어떻게 되든 마음에 여유를 가질 수 있어 시세의 향방을 냉정히 지켜볼 수 있습니다."

"'중요한 돈에는 손대지 마라'라는 말은 어떻습니까?"

"쌀 투자에서는 예상이 적중하면 큰돈을 벌 수도 있지만, 예상이 빗나가면 큰 손해를 볼 수도 있습니다. 따라서 절대로 없어지면 안 되는 소중한 돈, 가령 사용처가 정해진 중요한 돈을 투자에 사용하는 것은 절대 금물입니다. 예측이 빗나가 모조리 잃더라도 상관없는 여유 자금으로 투자해야 합니다."

"'3할 오르고 내리면 움직여라'라는 말은 어떤 의미인지요?"

"저가에서 어느 정도 가격이 올랐을 때 팔면 좋을지, 고가에서 어느 정도 가격이 내렸을 때 사면 좋을지는 많은 투자가를 고민에 빠뜨리는 문제입니다. 그중 하나의 해답이 될 수 있는 말이 '3할 오르고 내리면 움직여라'라는 투자 격언입니다. 매매 시점을 정하기 어려우면 이 투자 격언을 떠올려 보십시오. 투자 환경에 따라 바닥가에서 2~3배 가격이 오르기도 하지만, 고가에서 절반 이하로 가격이 떨어지는 경우도 있음을 염두에 둬야 합니다. 예년에 없는 대기근, 대풍작일 때는 이 격언이 맞지 않을 수도 있지만, 그 외의 경우에는 중요한 잣대 중 하나가 될 것입니다."

"'투매 천 냥, 손절매 만 냥'이라는 격언도 있습니다."

"예상이 빗나가 손해가 난 쌀을 계속 가지고 있으면 손해가 더욱더 키질 가능성이 높습니다. 시세는 일정 기간 동안에는 상승과 하락, 어느 하나의 방향으로만 움직이는 경향이 있기 때문에 예상이 빗나가 손해가 난 경우 당장 단념하고 반대 매매를 해서 투자를 접어야 합니다. 그러나 경험이 적은 사람일수록 투매, 손절매는 정말 하기 힘든 행동입니다. 투매나 손절매를 하면 손해가 확정되어 버리기 때문이지요. 예상이 빗나갔을 경우에는 손실을 최소한도로 줄이기 위해 가능한 한 빨리 투매를 하고 손절매를 해 다음 투자에 대비하는 것이 최선의 선택입니다."

"'쉬는 것도 투자다'의 진정한 의미는 무엇입니까?"

"1년 내내 투자에 손을 대는 사람이 있는데, 그런 사람은 투자를 해도 돈을 벌 수 없습니다. 투자는 누가 해도 돈을 벌 수 있는 시기, 돈 벌기 좋은 시기, 누가 해도 돈이 안 되는 시기, 돈 벌기 어려운 시기가 있습니다. 누가 해도 돈을 벌 수 있는 시기에는 내실있게 이익을 얻고, 돈이 안 되는 시기나 돈이 안 벌리는 시기에는 투자를 쉬고 유보하는 것이 최선의 방책입니다. 그렇게 하면 쌀 투자로 재산을 모을 수 있습니다. 1년 내내 투자하는 사람은 돈을 버는 시기, 돈 벌기 쉬운 시기에 이익을 남겨도 돈이 안 되는 시기나 돈 벌기 힘든 시기에 손해를 보기 때문에 결국에는 재산을 잃고 길바닥을 전전하게 됩니다. '쉬는 것도 투자'라는 말은 투자에서는 쉬는 것도 중요하다는 뜻입니다. 쉬는 것은 투자의 향방을 냉정히 예상하고 판단하기 위해서도 필요합니다. 쌀을 사다 보면 시세가 오르길 바라는 마음에 앞으로 시세가 오를 것이라고 자기에게 유리하게 판단해서 비싸게 사기 쉽습니다. 따라서 차익을 남기는 시점을 계속 미루게 되어 절호의 매도 시점을 놓치게 됩니다. 차익을 남긴 후에는 투자를 이삼 개월 쉬면서 시세의 향방을 잘 관찰해 쌀을 살지 말지 판단할 필요가 있습니다. 매도 역시 마찬가지입니다. 매수로 성공한 사람은 다음에도 매수로 돈을 벌려고 하고, 매도로 성공한 사람은 다음에도 매도로 돈을 벌려고 하는 경향이 있습니다. 그런 유혹을 끊어 내고 투자의 향방을 냉정히 판단하기 위해서는 투자를 이삼 개월 쉬어

머릿속을 비우고 냉정하고 합리적으로 시세를 봐야 합니다."

투자에 도움이 되는 ≪논어≫의 명언

"투자 격언 외에 속담이나 명언 중에도 투자에 도움이 되는 말이 적지 않습니다. 공자의 말씀을 모아놓은 《논어》도 그중 하나입니다. 《논어》에는 살아가는 데 지혜가 되는 말뿐만 아니라 투자를 생각할 때 도움이 되는 말, 투자 심리와 딱 맞아떨어지는 말도 있습니다. 여러분들도 꼭 《논어》를 공부해 보시기 바랍니다." 무네히사가 말했다.

"《논어》에 나오는 말 중에 투자에 도움이 되는 말로는 어떤 것이 있습니까?" 젠베가 물었다.

"여기 《논어》의 명언을 적어 놓은 책이 있으니 그 주된 내용을 다루어 보도록 하지요." 무네히사는 《논어》 명언집을 펼쳐 해설하기 시작했다.

"'빨리 하고자 않을 것이며, 작은 이익을 보지 않을 것이니 급히 하려고 하면 미치지 못하고, 작은 이익을 보면 큰일을 이루지 못한다'라는 말은 서둘러 하려고 들지 말고 눈앞의 작은 이익에 정신이 팔려서는 안 된다, 급히 하다 보면 목적을 달성하지 못하고 눈앞의 작은 이익에 정신이 팔리면 큰일을 이룰 수 없다는 의미입니다."

"'성급한 거지는 동냥이 적다'라는 말과 같은 의미인가요?" 젠베가 끼어들었다.

"'허둥대는 게는 구멍에 못 들어간다'라는 속담도 있지 않습니까?" 이소카가 맞장구 쳤다.

두 사람의 말을 듣고 무네히사가 이야기를 이어나갔다.

"모두 급히 일을 하려고 들면 실패한다는 경계의 말입니다. 투자의 세계에서는 흐름에 뒤쳐져서는 안 된다는 생각에 매매를 서둘렀다가 크게 실패하는 경우가 많습니다. 가격이 크게 떨어져 지금이 바닥이라고 생각했는데 가격이 그보다 더 많이 떨어질 수도 있고, 반대로 크게 상승했기 때문에 천장가라고 생각해 팔았더니 거기서 더 크게 가격이 뛰는 경우도 있습니다. 눈앞의 이익을 좇아 일시적으로 오르고 내릴 때 매매한다면 큰 상승세를 타지 못하거나 큰 하락세를 만나 큰 손실을 보기도 합니다."

"아는 것을 안다고 하고, 모르는 것을 모른다고 하는 것이 참으로 아는 것이다'라는 말은 아는 것은 안다고 하고 모르는 것은 모른다고 해라, 그것이 진정으로 아는 것이라는 의미입니다. 아는 것과 모르는 것을 확실히 해 두는 것이 중요합니다. 모르는데도, 혹은 어설픈 얕은 지식밖에 없는데도 알은체하며 행동하는 것은 큰 실수를 부르는 원인입니다. '묻는 것은 한때의 수치, 묻지 않는 것은 평생의 수치'라는 속담도 있는데, 이 역시 정말 옳은 말입니다. 저 역시 자칫 허세를 부려 잘 알지도 못하면서 알은체해서 실패하는 경우가 종종 있는데, '정직한 사람의 머리에 신이 산다', '정직한 사람은 하늘이 돌본다'라는 말도 있지 않습니까? 반성합니다." 젠베의 말에 모두들 한바탕 웃었다.

무네히사는 이야기를 이어 나갔다.

"'하루 종일 먹지 않고 밤새워 생각해도 소용이 없었다. 배움만 같지 못하였다'라는 말은 식음을 전폐하며 밤새도록 생각만 한들 아무 소용 없다. 배워서 얻는 효과에 훨씬 못 미친다. 즉, 혼자서 아무리 열심히 생각해도 좋은 생각은 떠오르지 않는다. 책을 읽거나 그 분야의 전문가에게 이야기를 들으며 배우는 것이 훨씬 좋은 효과를 낳는다는 의미입니다."

"'어설픈 생각은 안 하느니만 못하다'라는 뜻이지요? 제 생각처럼요."

"아무것도 생각하지 않는 것보다 그래도 이런저런 생각을 하는 것이 훨씬 낫지만, 배우고 생각하면 더욱 좋다는 의미입니다." 무네히사가 대답하고 이어서 말했다.

"'배우고 생각하지 않으면 어둡고, 생각하고 배우지 않으면 위태롭다'라는 말은 학문을 해도 스스로 생각하지 않으면 정확한 지식을 얻을 수 없다. 생각만 하고 학문을 하지 않으면 잘못된 지식에 사로잡혀 위험하다. 아무리 책을 읽고 전문가의 이야기를 들어 지식이 풍부해져도 스스로 생각하지 않으면 올바른 지식을 쌓을 수 없고, 아무리 스스로 열심히 생각해도 책을 읽거나 전문가의 이야기를 듣고 배우지 않으면 잘못된 생각을 하게 될 위험이 크다. 잘 배운 후 자기 나름의 생각을 정리하는 것이 가장 좋다는 뜻입니다."

"생각하는 것과 배우는 것은 수레의 두 바퀴 같은 것이로군요. 둘 중 어느 것 하나가 없어도 사람은 크게 발전할 수 없겠군요." 목재상을 하는 이와모토 게이타로[岩本圭太郎]가 감상을 말했다.

"'세 사람이 길을 가면 반드시 나의 스승이 있으니, 그중에 선한 자를 가려서 따르고 선하지 못한 자를 가려서 자신의 잘못을 고쳐야 한다'라는 말은 세 사람이 함께 행동하면 반드시 나보다 나은 사람을 발견하게 된다. 행동이 바른 사람을 택해 그 사람과 같이 행동하고 그릇된 행동을 하는 사람을 보면 그 행동을 고쳐 행동하면 된다는 의미입니다. 좋은 벗이 있으면 그 사람이 하는 행동을 흉내내면 되고, 나쁜 벗이 있으면 그 사람과 반대로 행동하면 된다. 즉 좋은 사람에게서도, 나쁜 사람에게서도 배울 점이 있다는 뜻입니다. 이것은 투자 격언 중 '고수에게 붙고 하수를 거슬러라'라는 말과 비슷합니다. 예상이 적중해 큰 이익을 올리는 사람을 따라서 투자하면 돈을 벌 확률이 높아집니다. 반대로 예상이 빗나가 손해만 보는 투자가도 있는데, 그런 투자가가 적극적으로 매수에 나설 경우 경계해서 매도를 생각하고, 소극적으로 팔기 시작할 경우 매수를 하면 성공할 확률이 높아집니다."

"'바보와 가위는 쓰기 나름'이라는 속담과 비슷하군요. 그러니까 저 같은 사람도 가끔은 남에게 도움이 되는 경우가 있을지도 모르겠네요." 젠베가 말했다.

무네히사는 웃어 넘기고는 다음 화제로 돌렸다.

"'잘못을 알고도 고치지 않는 것, 이것이 잘못이다'라는 말은 잘못을 알면서도 고치지 않는 것이 바로 잘못이라는 의미입니다. 가령 시세 예측이 빗나갔을 때 그 잘못을 순순히 인정하지 않고 고집을 피워 투자를 계속한다면 큰 손실을 초래하게 마련입니다. 예상이 빗나가면 이를 인정하고 예상을 수정하는 유연한 자세가 필요합니다. '잘못을 고치는 데 주저할 것은 없다'라는 말도 있습니다. 잘못을 알았으면 이를 바로잡는 것이 현명한 사람들이 택하는 길입니다. 잘못을 인정하지 않으려고 잘못에 잘못을 거듭하는 것은 최악의 길입니다."

"'군자표변(君子豹變)'이라는 말은 현명한 사람일수록 잘못을 빨리 고치기 때문에 마치 다른 사람처럼 보인다는 의미지요."

"'과유불급(過猶不及)'이라는 말은 무슨 일이든 정도가 지나치면 부족한 것만큼이나 좋지 않다, 좋은 것이라도 정도를 지나치는 것은 좋지 않다는 뜻입니다. 지나치게 먹거나 마시고, 지나치게 유흥에 빠지고, 지나치게 일하거나, 지나치게 투자에 열중하는 등 모두 그 정도가 지나치면 좋지 않은 법입니다. 투자에서 좋지 않다는 것은 자신의 판단을 지나치게 과신하거나 자신의 자금 여력 이상으로 투자에 손을 대는 등 지나친 욕심을 부린다는 뜻입니다."

"'약도 과하면 독이 된다'라는 말씀이시군요." 약장수 기쿠타 구라조[菊田藏三]가 중얼거렸다.

"《논어》에 대해서는 이 정도로 해두지요." 무네히사는 이야기를 마치고 다음과 같은 말로 끝을 맺었다.

"이렇게 《논어》의 명언을 투자에 적용해 보면 투자에 대해 새로운 시각이나 생각이 생기게 됩니다. 이것은 비단 《논어》에 국한된 이야기가 아닙니다. 여러 인생 교훈, 병법, 그 밖의 폭넓은 분야의 말들도 해당됩니다. 매사를 투자와 연결해 생각하는 습관을 들이면 투자에 대한 감각을 키울 수 있습니다."

제8장

조카
혼마 미쓰오카의
삶

쌀 투자를 즐긴 무네히사와 의절하고 그를 혼마 가문에서 추방한 미쓰오카는 과연 어떤 삶을 보냈을까? 무네히사와 미쓰오카는 매우 대조적인 성격의 소유자로 정반대의 인생을 살아간다. 무네히사가 투자가로서의 길을 질주하면서 투자철학을 깊이 연구했다면 미쓰오카는 상인의 길을 꾸준히 걸으며 상인이 추구해야 할 경영 철학을 연구했다.

❁ ❁ ❁

쌀 투자를 즐긴 무네히사와 의절하고 그를 혼마 가문에서 추방한 미쓰오카는 과연 어떤 삶을 보냈을까? 이 두 사람은 매우 대조적인 성격의 소유자이기 때문에 정반대의 인생을 살아간다. 무네히사가 투자가로서의 길을 질주하며 투자 철학을 깊이 연구했다면, 미쓰오카는 상인의 길을 꾸준히 걸으며 상인이 추구해야 할 경영 철학을 연구했다. 혼마 가문을 대표하는 이 두 영걸은 각자 다른 길을 선택했고, 각자의 길에서 큰 공적을 남겼다.

혼마 가문
'중흥의 원조'

미쓰오카는 1755년 9월, 24세의 나이에 네쓰야[根津屋]를 경영하는 다나카 기치에몬[田中吉衛門]의 딸 오쓰레[於連]와 결혼했다. 다나카 가문에는 조부 모토미쓰의 누나가 시집을 가 있었기 때문에 서로 친척인 셈이다.

미쓰오카는 인품이 '강직하고 관대하고, 패기 있는 범상치 않은' 인물로 묘사되어 있다. 두뇌가 명석하고 사려 깊고 신앙심이 깊고 의리 있는 행동파여서 한 번 정한 일은 끝까지 해내는 강한 의지의 소유자이기도 했다. 혼마 가문의 역대 당주에게 공통된 점은 시대의 권력을 거스르지 않고 다소 무리한 일이라도 받아들이고, 손해를 본 듯하지만 이득을 취하는 지혜를 겸비했다는 점, 사회적 약자에 대한 배려를 잊지 않아 세인들의 원망을 사지 않는 노련한 지혜를 갖췄다는 점이다.

번 돈의 일부는 식림 사업에 투자하거나, 신사나 절에 기부하고 기근이 발생하면 쌀을 제공하는 등 사회사업에도 앞장섰다. 시대의 권력과 맞선 결과 멸문한 사도(佐渡)의 혼마 가문이 반면교사가 되었음에 틀림없다. 또한 너무 많은 부를 축적해 세인들의 질시, 원망, 반발을 사지 않기 위해서는 이익의 많은 부분을 사회에 환원하는 것이 가장 효과적이라는 사실을 너무나도 잘 알고 있었다.

무네히사가 형 미쓰토시를 대신해 경영을 맡은 지 몇 년 만에 쌀 투자로 거액의 이익을 일궈 혼마 가문의 재산은 10배로 불어났다. 그러나 미쓰토시에게 가업을 물려받은 미쓰오카는 숙부 무네히사에게 의절을 선언하고 쌀 거래를 일절 금지했다. 그리고 장사로 번 돈을 농민이나 상인, 다이묘 등에게 빌려 주고 이자를 받아 돈을 크게 불렸고, 빚을 상환하지 못하는 농민이나 상인 등이 담보로 건 토지나 집 등을 회수해 토지를 늘리고 그중 전답은 농민들에게 빌려 줘 소작료를 받는 식으로 사업을 급속히 확장해 나갔다. 여유 자금이 생기면 토지를 적극적으로 구입하고, 창고업이나 해운업에까지 손을 뻗쳤다. 다이묘에게 돈을 빌려 줄 경우에는 회수하지 못하는 일을 방지하기 위해 재정 재건에 대한 조언을 해 주었기 때문에 상대방이 고마워하며 융자액을 늘려 나갔다.

이렇게 미쓰오카는 도매업에서 금융업, 창고업, 나아가 대지주가 되어 소작료를 버는 식으로 사업을 확장해 일본에서 손꼽히는 자산가 대지주의 반열에 올랐다. 조부인 모토미쓰나 미쓰토시가 해 왔듯 내실있고 적극적인 사업 방식을 고수하면서도 한층 더 규모를 확장시켜 효율적으로 운영한 것이다. 혼마 가문의 자산은 미쓰오카 대에 와서 더욱 크게 불어났다. 때문에 미쓰오카는 혼마 가문의 '중흥의 원조'라고 불린다.

미쓰오카는 장사와 금융업(대부업), 그리고 토지를 경영의 3대 축으로 삼고 니가타야의 사업을 꾸준히 확대해 나갔다. 그 결과 미쓰오카 1대(50년) 만에 혼마 가문의 재산은 전답 1만 6000섬, 대부금 5만 4781냥, 은 5만 관으로 늘어나 일본 전국적으로도 손꼽히는 대지주 자산가가 되었다. 당시에는 전답을 그 토지에서 얻은 쌀의 양(섬)으로 표시했기 때문에 토지 면적이 얼마나 되는지 정확하게 알 수 없으나, 가장 많을 때인 1930년대에는 무려 3000정보(町步, 약 902만 평, 소작인 약 3000명)나 되는 전답을 보유했다고 한다. 도쿄돔의 면적이 4만 6755㎡(약 1.4만 평)이니 3000정보(약 902만 평)는 도쿄돔의 약 644배에 해당한다.

1791년 무렵 미쓰오카는 "부모님께 양도받은 유산이 6만 냥, 그 밖에 쇼나이 번 등의 세금 등 만약의 경우에 대비하기 위한 예비금으로 7만 냥을 비축해 도합 13만 냥이 있다"고 사카타 가문 사람들에게 이야기했다고 한다. 본가인 혼마 가문의 수입을 다이묘의 녹봉으로 환산해 보면 20만~30만 석 정도라는 계산이 나온다. 참고로 에도 시대 중기의 20만 석(20만 냥)은 현재 화폐가치로 환산하면 약 80억 엔에 해당한다. 혼마 가문은 해마다 그만큼의 금액을 벌어들였던 셈이다.

　이와 함께 미쓰오카는 식림 사업, 모가미강 치수 사업, 사카타 항구의 등대 건설 등 사회사업에도 힘을 쏟았다. 사카타 니시하마(西浜) 방사림 사업은 그 공적을 인정받아 1917년에 정5품 지위까지 주어졌다.

　미쓰오카는 굉장히 신앙심이 강한 사람이기도 했다. 미쓰오카가 어린 시절에 살던 곳 근처에는 가쿠주인(覺寿院)이라는 천태종 사찰이 있었다. 그 절에는 겐슈(賢秀)라는 이름난 수도자가 있었다. 미쓰오카는 그 절에 다니며 역사 등을 배웠다. 미쓰오카라는 이름은 겐슈가 지어 준 것이라고도 한다. 이러한 경험이 미쓰오카의 신앙심을 키웠을 것으로 보인다.

　사카타에서는 몇 차례 큰 화재가 발생해서 많은 집과 신사 사원 등이 불에 타 소실되고 말았다. 그때마다 미쓰오카는 기꺼이 엄청난 사재를 털어 신사 사원을 재건하는 데 도움을 주었다. 이 중 1783년에 발생한 큰불로 피해를 입은 산노야마(山王山) 히에진자(日枝神社), 1784년에 일어난 화재로 소실된 센류지(泉流寺)의 도쿠니공(德尼公) 사당 등을 재건했고, 1779년에는 시치샤미야(七社宮)를 건립했다. 혼마 가의 보리사인 조후쿠지에는 1751~1762년 가라몬(唐門, 지붕이 중앙 아치형이고 양쪽이 약간 올라간 구조로 돼 있는 문)을 시주했다. 또한 1791년 가이안지에 태자당과 석가당, 경장, 주이센암(瑞泉庵) 등을 잇따라 건립하여 시주했다. 이는 모두 미쓰오카가 혼마 가문의 사재를 털어 마련한 것들이다.

쇼나이 번의 재정 재건에 협력하다

1783년 닥친 대기근 때는 비축미 2만 5000섬을 방출한 덕분에 쇼나이에서는 단 1명의 아사자도 나오지 않았다. 혼마 가문이 소작인으로부터 받은 소작료는 수확미의 65.55%로 평균 50%에 비해 높았다. 그러나 흉작일 때는 소작료를 인하하거나 식량이나 돈을 빌려주었고, 화재가 발생했을 때는 화재 대부를 실시하는 등 적극적으로 구제에 나섰다. 이렇게 미쓰오카는 소작인을 소중히 여기고 무리한 징수를 하지 않았기 때문에 혼마 가문에서는 대기근 때조차 단 한 번도 소작인들의 봉기 폭동이 일어나지 않았다.

재정 적자에 허덕이는 다이묘에게 헌금을 하거나 저리로 융자를 해 주었을 뿐만 아니라 재정 지도를 실시하는 등 폭넓은 분야에서 혼마 가문의 이름이 널리 세상에 알려지게 했다. 특히 쇼나이 번과 혼마 가문의 관계는 밀접했다. 그런데 어떻게 해서 상인 가문인 혼마 가문이 쇼나이 번과 깊은 관계를 갖게 되었을까? 여기에는 다음과 같은 내막이 있다.

5대 쇼나이 번 번주 사카이 다다요리[酒井忠寄]는 가가번[加賀藩]의 번주 마에다[前田] 가문에서 정실부인을 맞이해 에도 막부의 로주가 되었다. 이 때문에 닛코[日光]의 도쇼구[東照宮] 수리를 분담해야 하는 등 지출이 쌓여 재정난에 허덕이는 번으로 전락했다.

7대 번주 다다아리[忠德] 대에 이르자 빚은 최고 20여만 냥에 달해 에도에서 번으로 돌아올 때 경비조차 조달하지 못해 눈물을 흘렸다고 한다. 쇼나이 번의 가로 다케우치 하치로에몬[竹內八郎衛門]은 재정 재건에 고심하고 있었다. 다케우치 하치로에몬시게야스[竹內八郎衛門茂昆]가 보병인 아베 호시치[阿部保七]에게 이발을 받고 있는데, 다케우치가 눈물을 흘리는 것을 보고 놀란 아베가 그 연유를 물었다. 그러자 다케우치가 무겁게 입을 떼고 "번의 재정이 어려워 이러지도 저러지도 못하는 상황이네. 이 모든 것이 내 불찰이라고 생각하니 가슴이 갑갑해 나도 모르게 눈물이 나는구려"라고 심중을 털어놓았다.

그러자 아베는 뜻밖의 이야기를 했다.

"저는 예전에 가미노야마[上ノ山] 가쿠주인의 스님께 수업을 받으러 다녔는데 그곳에서 니가타야의 장남 혼마 규시로(미쓰오카)와 친하게 지냈습니다. 그 사람은 장사 수완을 타고나 니가타야를 크게 일으켰고 지금은 사카타뿐만 아니라 일본 굴지의 자산가가 되었습니다. 그를 청해 상담을 받아 보신다면 묘안이 나올지도 모릅니다."

다케우치는 곧바로 미쓰오카를 불러 재정 재건에 협력해 줄 것을 부탁했다.

이전부터 혼마 가문은 사카타 36인과 친분을 나누던 터라 쇼나이 번에 기부하고 있었으나 그것은 어디까지나 36인으로서 대외적인 교분을 쌓기 위한 것이었다. 다케우치의 부탁을 받은 후 미쓰오카는 쇼나이 번의 재정 재건에 본격적으로 협력해 거액의 기부를 하거나 적극적으로 재정적인 조언을 해 주었다. 그 공적으로 미쓰오카는 쇼나이 번으로부터 30인 녹미를 부여받았고 오테마와리카쿠오코쇼시하이[御手回格御小姓頭支配]라는 번사(藩士: 번의 무사)에 준하는 대접을 받았고, 1767년에는 '오코쇼카쿠[御小姓格]'로서 번사가 되었으며, '고카추캇테무키토리하카라이[御家中勝手向取計]'로서 임명되었다. 그 후 또 다시 오토모가시라지세키(御供頭次席, 막부 직할지를 다스리던 관직인 오군다이[御郡代]와 동격)로서 녹봉 500석, 30인 녹미를 지급받았다. 본디 번사는 겸업이 허락되지 않았으나 미쓰오카는 번사가 된 후에도 기존 가게를 경영할 수 있도록 허가를 받았다.

미쓰오카는 번사로서의 업무와 가게 경영 모두에 신경 쓰기 어려워 사카타를 비우고 있는 동안에는 종형제 등을 대리인으로 삼아 가게 업무를 맡겼다.

대리인들의 면면을 보면 1768년에는 미쓰오카의 동생 야주로(弥十郞, 미쓰하루)가, 1774년부터는 병으로 물러난 야주로를 대신해 규사부로가 대리인 보좌로 취임했다. 그러나 가게의 실권을 쥐고 있는 것은 어디까지나 미쓰오카와 그 장남 도노에(外衛, 미쓰미치)이고 대리인에게는 그다지 실권이 주어지지 않았다.

혼마 가문의 핵심이 되는 가게(니가타야)는 '오미세[お店]'로 불렸고 그 지배인은 '오야카타(親方, 지배인)'라고 불렸다. 혼마 가문이 거주하는 집은 '오야시키(お邸, 저택)'라 불렸고, 당주는 '단나(旦那, 나리 또는 주인)'라고 했다.

가게 경영은 오야카타에게 맡겨졌으나 중요한 일은 단나의 결제를 받는 것이 일반적이었다. 그러나 미쓰오카 시대의 오야카타에게는 그다지 큰 권한이 부여되지 않았다. 오야카타의 권한이 세지면 자신만의 신념과 신조가 강한 미쓰오카와 부딪혀 집안이 시끄러워질 수도 있기 때문이었다.

1768년, 미쓰오카는 사카타 36인의 오토나가 되어 이름을 혼마 쇼고로[本間庄五郎]라고 하고 가게 이름도 '쇼고로점[庄五郎店]'으로 바꾸었다. 이는 상인 업무는 쇼고로라는 이름으로 처리하고, 쇼나이 번의 번사로 일할 때는 혼마 미쓰오카라는 본래 이름을 사용해 두 업무를 구분하려는 의도가 반영된 것이다. 쇼나이 번이 미쓰오카를 중용한 데는 혼마 가문이 보유한 재력에 의지한 부분이 컸기 때문이다. 미쓰오카는 흉작이나 사카타 에도에서 발생한 화재 등으로 재정난에 허덕이는 쇼나이 번에 거액의 자금과 쌀 등을 헌납해 몇 번이나 구제해 주었다. 그에 대한 감사의 마음이 미쓰오카의 승진으로 이어졌을 것이다.

쇼나이 번의 재정 재건을 위해 미쓰오카가 취한 정책은 부국안민 정책이었다. 고카추캇테무키토리하카라이에 취임한 미쓰오카는 쓰루오카에 대부금 사무소를 설치하여 가추(家中, 다이묘 등 가신들의 총칭)의 빚 정리를 맡게 되었다. 이를 위해 번사의 고리 부채를 저리 연부(年賦)로 대체하고 오쓰(大津) 등 다른 번에서 빌린 빚은 번 내의 빚으로 대체했다. 여기에 필요한 돈은 혼마 가문이 내주었다. 또 사토마카나이[郷賄い], 무라즈카이[村遣い] 등의 부가세 부담을 감면하거나 면제해 주고 미납된 연공에 대해서는 이자를 붙여 돈이나 쌀을 빌려주는 것으로 대체했다. 이로써 쇼나이 번은 한때나마 개선의 방향으로 나아가 최고 20만 냥에 이르렀던 빚을 모조리 갚고 1480냥을 모으기도 했다.

정계의 알력으로
처음 맛본 좌절

모든 것이 순조롭던 미쓰오카에게도 만년에 이르러 좌절이 찾아왔다. 1783년 아사마 산이 분화해 그 분진이 간토에서 오우 지방(현 도호쿠 지방)까지 확산돼 1783~1787년 전국적인 규모의 대기근이 발생했다. 농민들은 연공을 납부하기는커녕 생계를 이어가는 것조차 힘든 상황이 계속됐다. 이에 쌀 가격은 폭등했고, 에도나 오사카 상인들도 쌀을 사기 어려워져 쌀 도매상을 습격하는 폭동이 빈번히 일어났다.

연공미가 들어오지 않자 다이묘의 재정이 급속히 악화되어 가신들의 임금마저 주지 못하는 상황에 이르렀다. 쇼나이 번 역시 재정이 급속히 악화됐다. 쇼나이 번 사카이 가문은 재정 악화와 농민 불만에 대한 대응책을 마련하는 데 골머리를 앓고 있었다. 백성들의 봉기가 일어나면 막부로 영지가 몰수될 수도 있었기 때문이다. 따라서 번주인 사카이 다다아리는 1792년 막부의 로주 마쓰다이라 엣추노카미사다노부[松平越中守定信]에게 쇼나이 번의 실정에 대한 책임을 추궁받자 "향촌의 피폐를 구제할 길이 있으면 의견을 말하라"라고 가신들에게 명한다.

이에 대해 미쓰오카는 다음과 같은 안을 내놓았다. 혼마 가문이 2만 냥을 5부 이자로 쇼나이 번에 빌려 주고 이를 쇼나이 번이 향촌에 7부 이자로 빌려 준다. 그러면 쇼나이 번은 이자 소득으로 5년 후에는 6만~10만 섬의 이익이 생긴다. 향촌도 7부의 낮은 이자만 내면 되기 때문에 양쪽 모두에게 이롭다는 것이다. 그러나 이 안을 놓고 쇼나이 번 내에서는 반대파와 찬성파로 의견이 크게 나뉘었다. 반대파인 시라이 야다이후[白井矢太夫]나 슈코인히야스[種耕院日安] 등은 다음과 같이 주장했다.

"향촌이 피폐해진 원인은 대부금, 대부쌀 등이 축적된 탓도 있어 빚 탕감을 통해 빌린 돈과 쌀을 없애는 것밖에는 향촌을 근본적으로 구제할 길이 없습니다. 대기근에 허덕이는 농가를 구제하는 것이 급선무이니 이를 위해 금융업자나 지주의 희생은 어쩔 수 없는 일입니다. 사농(士農: 무사와 농민)을 가장 중히 여겨야 하니 상가(商家)의 파산까지 우려할 순 없습니다. 상가는 원래 이재에 밝은 까닭에 어떻게든 생활해 나갈 수 있습니다. 특히 전답을 소유한 자는 유복하기 때문에 약간의 피해만 갈 뿐입니다."

미쓰오카의 안을 지지한 것은 번주 다다아리의 측근인 미즈노 시게유키[水野重幸]와 오코쇼[御小姓] 호리토모에몬[堀巴門]뿐이었다.

그러나 번주 다다아리가 채택한 것은 반대파 시라이 야다이후 등이 제안한 대부금 및 대부쌀에 대한 채무탕감, 즉 도쿠세이령[德政令]이었다. 에도 막부에서도 1789년 기엔령(棄捐令: 도쿠세이령)을 내리고 쇼군 직속 무사인 하타모토[旗本] 고케닌의 빚을 면제해 주었다. 따라서 쇼나이 번에서도 같은 정책을 채택할 수밖에 없었을 것이다.

이를 계기로 쇼나이 번에서는 미쓰오카를 지지하던 미즈노 파가 실각했다. 미즈노 파와 대립했기 때문에 가메가사키 성[龜ヶ崎城] 대신으로 좌천된 다케우치 하치로에몬이 주로(中老: '가로' 다음 자리)로 복귀하면서 번의 정무에 커다란 영향력을 미치게 되었다.

미즈노 파와 가까웠던 혼마 미쓰오카는 매우 난감한 처지에 놓이게 되었다. 더구나 금융업계의 대부이자 대지주인 혼마 가문은 도쿠세이령으로 가장 큰 타격을 입은 장본인이었다. 지금까지 거액의 자금과 쌀 등 온갖 지원을 아끼지 않으며 충성을 다했던 쇼나이 번에 이토록 뼈아픈 배신을 당한 미쓰오카의 심정은 어떠했을까? 쇼나이 번을 위해 그토록 헌신했는데 결국 죄인처럼 쇼나이 번에서 쫓겨난 그의 울분은 아마 미쓰오카 자신만이 알 것이다. 자신으로 인해 혼마 가문과 의절하고 추방까지 당한 무네히사의 깊은 배신감과 아픔을 떠올렸을지도 모른다.

미쓰오카는 1796년 사직서를 내고 쇼나이 번을 떠난다. 미쓰오카를 여전히 크게 신뢰하는 번주 다다아리가 극구 만류했으나 건강이 예전만 못한 데다 상인을 경시하는 다케우치나 시라이가 전담하는 쇼나이 번에서는 자신이 할 수 있는 일이 제한적이라고 판단해 병을 핑계로 퇴직한 것이다. 그러나 그 후에도 미쓰오카는 요네자와 번이나 신조 번, 혼쇼[本庄]의 가메다 번[松田藩], 마쓰야마 번[松山藩] 등의 다이묘를 상대로 대부를 계속했고 사회사업도 지속해 나갔다.

초대 당주 모토미쓰 대부터 밀접한 관계였던 쇼나이 번은 물론 요네자와 번, 신조 번, 가메다 번, 쇼나이 번 등에서 분가한 마쓰야마 번[松山藩], 쓰가루 번[津軽藩], 난부 번[南部藩] 등 도호쿠 각지의 여러 번에 폭넓게 다이묘 대부가 이루어졌다. 다이묘 대부의 경우 금액이 큰 데다 회수하지 못할 우려가 거의 없기 때문에 쇼고로점(니가타야)의 핵심 수입원이었음을 쉽게 알 수 있다. 쇼나이 번 외에 특히 요네자와 번과의 관계가 깊어 요네자와 번의 번주 우에스기 요잔[上

杉鷹山의 요청을 받아 자금을 원조하거나 재정 재건을 위한 조언을 해 곤궁한 처지에 있던 요네자와 번에 도움을 준 것은 유명하다.

이렇게 혼마 미쓰오카는 사업을 비약적으로 확장시키는 한편 사회사업 등에도 힘을 쏟아 세인들로부터 높은 평판과 존경을 받았다. 이 때문에 미쓰오카는 혼마 가문의 '중흥의 원조'라고 불린다.

미쓰오카는 하이쿠 등에 조예가 깊어 기잔[其山]이라는 호를 지어 직접 하이쿠를 짓고 정기적으로 하이쿠 모임을 여는 등 도호쿠 출신 하이쿠 시인들을 지원하기도 했다. 여기에는 1689년 하이쿠 명인 마쓰오 바쇼[松尾芭蕉]가 제자와 둘이서 바쇼의 기행문인 《오쿠노 호소미치[奥の細道]》의 경유지로 사카타에 온 것이 적지 않은 영향을 미쳤다. 이를 계기로 사카타에서는 상인들 사이에 하이쿠를 취미로 삼는 사람이 늘어났다.

만년의 무네히사

무네히사는 투자가로서 큰 성공을 거두어 평생 다 쓰고 죽지 못할 만큼 많은 재산을 모았다. 큰 재산에서 말미암은 마음의 여유 때문인지 아니면 사회에 봉사한다는 가문의 전통에 새삼 눈을 돌렸기 때문인지 무네히사도 만년에 이르러 사회적으로 가난한 사람들, 어려운 사람들을 위해 앞장섰다.

투자의 경험으로
사회사업에 앞장서다

무네히사는 투자가로서 큰 성공을 거두어 평생 다 쓰고 죽지 못할 만큼 많은 재산을 모았다. 무네히사가 평생 동안 벌어들인 돈은 요즘 돈으로 치면 1조 엔이 넘는다. 큰 재산에서 말미암은 마음의 여유 때문인지 아니면 사회에 봉사한다는 가문의 전통에 새삼 눈을 돌렸기 때문인지 만년에 이르러 무네히사도 사회적으로 가난한 사람들, 어려운 사람들을 위해 앞장섰다.

쇼나이 번을 비롯해 도호쿠 지방의 각 번에 아낌없이 자금을 원조했기 때문에 쇼나이 번 사카이 가문으로부터 미쓰오카와 마찬가지로 오캇테고요가카리(御勝手御用係: 번의 재정 담당)로 임명되어 무사 신분으로 승격되었다. 또 우에노[上野] 간에이지[寬永寺]나 막부에 재정적인 조언을 해 줘 막부로부터 고케닌 직위를 수여받고 간에이지로부터 린노지노미야(輪王寺宮: 주지승)와 사가미노카미로 임명되기도 했다.

간에이지의 재정 고문이 된 것과 관련, 다음과 같은 일화가 전해진다. 간에이지에서 범종을 제작했는데, 범종이 너무 크고 무거워서 들어올릴 수 없었다. 모두들 어찌할 바를 모르고 있는데 마침 무네히사가 지나갔다. 사정을 들은 무네히사는 "그럼 제가 들어올려 보겠습니다"라고 말하더니 쌀섬을 차곡차곡 쌓아 올리기 시작했다. 그리고 그 위에 범종을 굴린 다음 무사히 들어올리는 데 성공했다. 쌀 창고에 쌀 가마니를 산처럼 쌓아 올렸던 오랜 경험과 지혜를 살린 것이다.

에도 시대
투자 비법서 분석

당시 에도 시대를 대표하는 쌀 투자 지침서가 여러 권 출판 유포되었다. 대표적인 것이 《매매출세차(売買出世車)》, 《삼원금천비록(三猿金泉秘錄)》, 《팔목호지권(八木虎之券)》, 《상가비록(商家秘錄)》, 《미도대의(米道大意)》, 《팔목표지권(八木豹之券)》, 《팔목용지권(八木龍之券)》, 《상장고하전(相場高下傳)》이다. 책에 관심이 많은 이소카가 이런 지침서들을 강습회에 가지고 와 요점을 낭독하고 무네히사의 의견을 구하거나 다른 참석자들이 그에 대한 의견을 말하기도 했다.

어느 날은 이런 이야기가 화제가 되었다.

"《매매출세차》는 1748년 3월에 출판된 책으로, 저자는 나니와(浪速: 지금의 오사카) 사람이고 도하쿠[東白]라는 필명을 쓰는데 40세 전후 쌀 투자로 대부호가 되었습니다. 80세쯤 은거하며 이 책을 저술했습니다. 이 책에는 다음과 같은 말이 나옵니다. '일은 사람이 꾸미고 성패는 하늘에 달려 있다.' 이 말은 운명은 사람의 힘으로는 어찌할 수 없지만, 그 운을 살리고 못 살리는 것은 사람에게 달려 있다는 뜻입니다.' '때가 이르렀는데도 작은 일에만 신경을 쓰면 큰 공을 이루지 못한다. 때가 이르지 않았는데도 일을 도모하면 일을 그르치는 일이 많다.' 이는 절호의 기회가 왔는데도 작은 것에 연연하면 큰 성과를 얻을 수 없다. 기회가 오지 않았는데도 큰 계획을 실행하려고 하면 실패가 많다는 뜻입니다."

"절호의 매수 시점이 아닌데도 기다리지 못해 매수에 나서거나 절호의 매도 시점이 아닌데도 매도에 나서서 실패하는 것은 투자의 세계에서 흔히 있는 일입니다. 그런 실패를 경계하는 말입니다." 무네히사가 추가 설명을 했다.

"'운이 약한 사람은 어떻게든 운이 강한 사람에게 붙어 일을 도모해야 한다'라는 말은 운이 따르지 않는 사람은 운이 좋은 사람의 조언을 받거나 그 사람과 함께 행동하면 좋은 결과를 얻을 수 있다는 뜻입니다."

"'가격은 사람에게 있으나 그 높고 낮음은 사람의 힘이 미치는 바가 아니다'라는 말은 쌀 거래 가격을 결정하는 것은 거래에 뛰어드는 사람들이지만 가격을 올리고 내리는 것은 자연의 섭리, 만물의 이치처럼 사람의 힘이 닿지 않는 보이지 않는 힘이라는 뜻입니다."

"투자가라고 불리는 사람들 중에는 억지로 시세를 움직여 이익을 얻으려는 사람이 있습니다. 그러나 그런 짓을 하는 투자가는 반드시 실패해 큰 손해를 보고 실의에 빠져 투자에서 손을 떼게 됩니다. 시세를 자기 멋대로 움직이려는 사람은 어리석은 바보입니다." 무네히사가 설명했다.

"'천지간에는 논리를 벗어난 신비롭고 묘한 부분이 있다. 그렇기 때문에 풍년에 쌀값이 오르기도 하고, 흉년인데도 쌀값이 싼 경우도 있다.' 이 세상에는 이치나 논리를 초월해 사람의 힘이 미치지 않는 불가사의한 힘이 작용합니다. 때문에 풍년이라도 쌀값이 오를 수도 있고, 흉작이 든 해에 쌀값이 싸지는 경우도 있습니다."

"세상에는 논리대로 진행되지 않는 일이 너무나도 많습니다. 쌀 투자도 그렇습니다. 논리대로 움직이지 않기 때문에 시세가 잘못됐다고 주장하는 사람이 있는데, 잘못된 것은 시세가 아니라 시세가 잘못되었다고 말하는 바로 그 사람입니다." 젠베는 덧붙였다. "이 말은 선생님께 제가 자주 주의를 듣는 말입니다."

"'부귀를 얻으려는 자는 전심전력하게 된다.' 이 말은 부귀를 얻으려는 마음이 간절하면 주색과 도박 따위엔 한눈 팔지 않고 모든 즐거움이 장사에 있게 된다. 오로지 이것만 마음에 잘 새기면 하늘의 보살핌을 받아 필시 입신양명하게 될 것이다. 부와 지위를 얻고자 하는 자는 마음가짐이 무엇보다 중요하다. 부와 지위를 얻고자 하는 마음이 강하면 술과 유흥에 마음이 현혹되거나 주색 도박에 빠지지 않고 장사와 관계 없는 일에 절대 열중하는 일이 없을 것이다. 이러한 마음가짐을 가지면 하늘이 돌봐 반드시 출세하게 된다는 뜻입니다. 술과 유흥에 마음이 빼앗기거나, 주색과 놀음에 빠지지 말라는 것은 평범한 사람들에겐 아주 어려운 일이지만, 소소한 즐거움을 추구하다 보면 결국 대성할 수 없지요."

"'자나 깨나 오로지 매매에 마음을 쏟는다면 어떤 장사라도 반드시 복덕이 미칠 것이다'. 정직하게 언제나 매매를 생각한다면, 무슨 장사를 하든 그 보답을 받아 이익을 얻게 된다는 의미입니다."

지금까지의 설명을 쭉 들은 무네히사는 다음과 같은 감상을 말했다.

"투자에 밝았던 사람들이 했던 말이니만큼 참고가 될 만한 명언이 많군요. 이러한 말들은 쌀 투자뿐만이 아니라 다른 사업에서 성공하는 데도 도움이 될 것입니다. 특히 '때가 이르렀는데도 작은 일에만 신경을 쓰면 큰 공을 이루지 못한다. 때가 이르지 않았는데도 일을 도모하면 일을 그르치는 경우가 많다'라는 말은 삶을 달관한 사람들이기에 할 수 있는 말로, 쌀 투자나 장사, 그 밖에 여러 가지에 통하는 명언이라고 할 수 있지요. '부귀를 얻고자 하는 자는 전심전력하게 된다'라는 말 역시 그렇습니다. 아무리 경험과 지식이 풍부해도 마음가짐이 올바르지 않은 사람은 일시적으로는 돈을 벌수 있을지 몰라도 결국 큰 손해를 보게 돼 있습니다. 하늘을 두려워하지 않는 사람은 결국 하늘에게 버림을 받게 될 것입니다."

"《삼원금천비록》은 이세[伊勢] 출신 우시다 겐자부로[牛田權三郎]라는 필명의 사람이 1755년에 출간한 책입니다. 저자인 겐자부로가 어떤 인물인지는 명확하지 않으나 쌀 투자에 밝았고 뛰어난 문재가 있었던 지식인이었던 것만은 확실합니다."

이소카는 이렇게 저자를 소개한 후 눈여겨볼 만한 대목들을 언급했다.

"이 저서에는 제목의 유래가 다음과 같이 설명되어 있습니다. '삼원(三猿)이란 견원(見猿: 보지 마라, 일본어로 원숭이를 뜻하는 'さる'의 발음이 부정을 뜻하는 조동사 'ざる'와 비슷한 데서 만들어진 조어), 문원(聞猿; 듣지 마라), 언원(言猿: 말하지 마라)을 말한다. 눈앞의 급격한 시세 변동을

보고 마음으로 급변의 연못에 빠지지 마라. 그저 사려는 마음만 품어라. 귀로 급변을 듣고, 마음속 급변의 연못에 빠지지 말고 오로지 팔려는 마음만 품어라. 급변을 보고 들었을지라도 남에게 말하지 마라. 다른 사람의 마음을 어지럽힐 뿐이다. 이것이 삼원의 비밀이다.' 삼원이라고 해서 원숭이 세 마리가 쌀 거래라도 하는 건가 하고 이상하게 생각했는데, 보지 말고, 듣지 말고, 말하지 말라는 의미였습니다. 게다가 이 책에 등장하는 원숭이는 와카의 명인으로 나오는데, 투자의 심오한 비법을 57 577조의 와카로 정리해 놓았습니다. 그것만 봐도 이 책의 저자는 문재가 굉장히 뛰어난 인물인 것 같습니다. 그중에서도 이 말은 투자의 본질을 정확히 나타냅니다.' 수중의 돈을 모두 없애지 않도록 하라. 돈을 식량처럼 여겨라.' 이 말은 굳이 설명할 필요가 없지만, 돈이 없으면 투자가 불가능하다, 쌀 거래로 돈을 벌기 위해서는 언제나 투자에 사용할 여유 자금을 준비해 두라는 의미입니다. '항시 소심해서 이해득실을 모르는 어리석은 자는 걸인의 후손이다.' 이것은 언제나 소극적인 사람은 이해득실을 따질 줄 모르는 바보 같은 자이기에 걸인의 후손임에 틀림없다는 뜻입니다. 매사에 소극적인 사람은 절호의 매수, 매도 기회가 와도 그 기회를 살릴 수 없다는 의미이지요."

"'쌀을 한꺼번에 사는 것은 무분별하다. 두 번에 나누어 사고, 두 번에 나누어 팔아야 한다'라는 말도 있습니다."

"왜 두 번으로 나누어 사고 나누어 팔아야 합니까? 매매를 세 번, 다섯 번으로 나누어 하면 안 됩니까?" 목공상을 하는 이와모토 게이타로가 물었다.

"싸다고 생각해서 샀는데 그보다 가격이 더 떨어지는 경우가 있습니다. 또 반대로 천장인 것 같아 팔았는데 그보다 가격이 더 오르는 경우도 있습니다. 매도나 매수를 한꺼번에 할 것이 아니라 몇 번으로 나누어 해야 실패할 우려가 적다는 뜻입니다. 물론 두 번이라는 숫자에 연연할 필요는 없습니다. 자금에 여유가 있으면 세 번이나 다섯 번으로 나눠서 매매해도 상관 없습니다."

"그럼 끝으로 《삼원금천비록》에 나오는 시세의 천장과 바닥을 구분하기 위한 명언을 소개하겠습니다." 이소카가 주제를 바꾸어 이야기를 이어 나갔다.

"'쌀값의 고저도 천지의 음양이 순환하듯 모두가 낙관적이면 가격이 뛰고 너무 오르면 그 안에 소극성이 생긴다. 모두가 비관적이면 가격이 큰 폭으로 떨어지고 그 속에 다시 적극성이 생긴다. 모든 사람이 비관적일 때는 쌀값이 오르며, 모든 사람이 낙관적일 때는 쌀값이 떨어지는 법이다'. 이는 다시 말해 쌀 거래에서 쌀값이 오르고 내리는 것은 천지의 음양이 순환하는 것과 마찬가지다. 낙관성이 커지면 값이 오르고, 가격이 극한까지 오르면 그 속에 소극성이 생긴다. 비관론이 팽배해져 값이 극한까지 떨어지면 쌀값은 자연스레 오르게 마련이다. 누구나 낙관적인 상황이야말로 쌀값이 떨어지는 원인이라는 의미입니다."

"'가격의 이치는 허상처럼 눈으로 보이지도 않고, 그림자도 형태도 없다'. 이는 쌀 시세의 높고 낮음의 이치는 현실을 초월한 이치의 세계로, 눈으로 볼 수 없고 그림자도 형체도 없다는 의미입니다."

"'논리와 비논리에 내포된 사리를 초월한 이치, 쌀값이 높고 낮음의 근원임을 알라'라는 말은 논리와 비논리 사이에는 일반적인 사리로는 판단할 수 없는 신비로운 이치가 존재한다. 그것이 바로 쌀값을 움직이는 근원이다. 이렇게 사리를 벗어난 이치는 말로 설명하기 힘들지만, 투자가에게는 이를 감지하는 능력이 요구된다는 뜻입니다."

"'쌀이 넘쳐나 쌀값이 폭락하면 눈감고 매수의 씨를 뿌려라'라는 말은 쌀 시세가 무너져 매수할 마음이 들면 큰 손해를 볼 만큼 큰 폭으로 가격이 떨어질 때 눈을 딱 감고 매수를 준비하라는 의미입니다."

"'쌀이 바닥나 쌀값이 급등하면 바보가 되어 매도의 씨를 뿌려라'라는 말은 쌀이 부족해 쌀값이 급등해서 팔면 큰 손해를 볼 만큼 큰 폭으로 가격이 오를 때는 바보가 되어 매도에 나설 준비를 하라는 뜻입니다."

"'급변이 나타나 모두 적극적이면 깊이 생각하지 말고 매도에 나서라'. 이것은 예상 외의 큰 변화가 나타나 모두 적극적일 때는 이것저것 따지지 말고 매도에 나서라는 뜻입니다."

"'악재가 나타나 모두 소극적이면 언제든지 매수에 나서라'라는 말은 악재로 인해 모두 소극적일 때는 언제든지 매수를 생각해 두라는 뜻입니다."

"'풍년에는 나를 비롯한 만 사람이 소극적이라 값이 내리니 매도는 금물이다'. 풍년에는 누구나 소극적이 되고 자신도 소극적이게 마련이다, 이로 인해 쌀 가격이 내리므로 매도는 금물이라는 뜻입니다."

"풍년이 되면 쌀이 많이 유통되므로 쌀 시세가 내리는 것이 상식입니다. 그러나 그렇게 되면 싼값에 팔고 싶어 하지 않는 사람들이 쌀을 대량으로 창고에 저장해 시중에 내놓지 않게 됩니다. 그래서 풍작이라도 예상처럼 가격이 떨어지기는커녕 오히려 가격이 오르는 경우도 있습니다." 무네히사가 보충 설명했다.

"'흉년은 나를 비롯한 천 사람이 적극적이라 가격이 오르니 매수는 금물이다.' 흉작이 되면 누구나 적극적이라서 쌀 가격이 오르기 때문에 이미 오를 대로 오른 쌀을 사는 것은 금물이라는 뜻입니다. 게다가 흉작이 되어 쌀이 부족해져 가격이 급등하면 지금까지 쌀 창고에 저장돼 있던 쌀이 대량으로 시중에 나오는 경우도 있습니다. 때문에 흉작이라고 해서 쌀 시세가 급등할 것으로 예상하고 적극적으로 사들이면 제대로 허를 찔릴 수도 있습니다." 무네히사가 설명했다.

"'오르는 것이 이치에 맞으나 때에 이르지 못하면 오르지 않으니 이치를 따지지 말고 쌀을 따르라.' 이것은 쌀 시세가 오르는 것이 당연한 상황이라도 때가 무르익지 않으면 가격이 좀처럼 오르지 않는다. 그럴 때는 이치를 따지지 말고 시세의 흐름을 따르는 것이 좋다는 의미입니다."

"'매매는 서두를수록 손해를 본다. 완전히 쉰 뒤 다른 방법으로 바꿔 보라.' 쌀 매매는 마음이 조급할 때 하면 순조롭게 이루어지지 않기 때문에 잠시 쉬면서 방법을 바꿔 보라는 뜻입니다. 쌀 매매는 조급할수록 실패하기 쉽습니다. 조급하다는 것은 냉정함을 잃었다는 뜻입니다. 실패를 하면 더욱 조급해지므로 더 큰 손해를 보는 악순환에 빠지게 됩니다. 그럴 때는 과감히 투자를 접고 냉정을 되찾은 후에 다른 방법을 모색해 봐야 합니다."

"'모두 하나같이 낙관적이면 바보가 되어 쌀을 팔아라.' '들도 산도 모두 한결같이 비관적이면 바보가 되어 쌀을 사라'. 이 두 가지 말은 투자가들이 누구나 적극적일 때는 오히려 바보처럼 쌀을 팔아야 한다. 반대로 누구나 소극적일 때는 바닷물에 뛰어든다는 각오로 쌀을 사야 한다는 뜻입니다. 《삼원금천비록》의 저자는 이처럼 아무도 사지 못할 만큼 투자 환경이 좋지 않을 때, 즉 바닥 시세에 쌀을 사고, 모두 낙관적이라 투자 환경이 가장 좋을 때, 즉 천장 시세에 팔라는 말을 계속 되풀이하고 있습니다. 아마도 굉장히 비싼 수업료를 지불한 뒤 얻게 된 투자 비법이겠지요. 아무도 살 수 없고 사고 싶지 않을 때는 나 역시 사지 못하고 사고 싶지 않은 때입니다. 그러나 그럴 때 과감하게 사 두면 투자에 성공할 가능성이 높아집니다. 이는 매우 지당한 말입니다. 하지만 말하기는 쉽지만 실천하기는 어렵기 때문에 이를 실행할 수 있는 사람은 100명 중 1명 있을까 말까 하지요. 바로 그 한 사람이 되지 않으면 쌀 투자로 큰 성과를 남길 수 없습니다."

"《상가비록》은 나니와의 다이겐시[大亥子]의 저서로 1770년에 발행되었습니다. 이 책은 투자에 정진하는 사람은 정신 수양을 하고 덕성을 갖추어야 한다고 강조합니다. 대표적인 명언에는 다음과 같은 것들이 있습니다." 이소카는 명언을 읽어 내려갔다.

"'쌀 장사를 하려면 주색잡기를 엄격히 금해야 한다.' 쌀 투자를 시작하면 술, 여자, 바둑 장기, 취미 생활 등을 엄격히 금지해야 한다는 뜻입니다. 남들이 추구하는 즐거움을 좇는다면 남들을 능가하는 큰일을 할 수 없다는 뜻이지요. 또한 '용맹한 마음이 없다면 절대 장사를 해서는 안 된다. 담력이 첫째요, 운이 둘째라는 말이 있다.' 용맹심이 없으면 쌀 투자에 손을 대서는 안 된다. 돈을 버는 데는 첫째가 용기, 둘째로 운이 중요하다는 뜻입니다."

"용맹과 만용은 다릅니다. 만용은 앞뒤 가리지 않고 무모한 짓을 하는 객기를 말하지만, 용맹은 일단 결정한 것을 용기있게 실행에 옮기는 결단력과 실행력을 말합니다." 무네히사가 설명했다.

"'장사를 시작하려면 맨 처음 손해 볼 돈을 셈해 두어라.' 쌀 투자를 시작할 경우에는 우선 손해를 봐도 상관 없는 돈이 얼마인지 정하고 나서 해야 한다는 뜻입니다."

"투자는 돈을 버는 경우도 있지만, 손해를 보는 경우도 있습니다. 손해를 보아도 지장 없도록 처음부터 손해를 봐도 무관한 금액을 정해 두면 손해가 생겨도 어려움을 겪을 일이 없고, 초조할 일도 없습니다." 무네히사가 부연 설명했다.

"'천장과 바닥은 1년에 두 번 혹은 세 번뿐이니 그때를 놓치면 또 다시 때를 만나기 어렵다'라는 말도 있습니다."

이 책에 대해 무네히사는 다음과 같이 말했다.

"투자의 길에 종사하는 사람은 정신 수양을 하고 덕성을 갖추어야 한다는 내용을 이야기하고 말하고 있습니다. 특별한 이야기가 아니라 모두 원론적인 이야기입니다. 투자에 성공하기 위해서는 자신의 인격을 갈고닦는 일이 무엇보다도 중요합니다. 남들처럼 인생을 즐긴다면 남들이 하는 만큼의 일밖에 할 수 없습니다. 남들 이상의 일을 하고 남들 이상의 재산을 남기고 남들 이상의 명예와 지위를 얻기 위해서는 남들보다 더욱 열심히 노력을 해야 합니다. 그런 노력을 할 수 있을지 없을지, 그것은 모두 여러분이 마음 먹기에 달려 있습니다."

불세출의 비법서 《무네히사비록》

이렇듯 무네히사의 강습회에서는 종종 유명한 비법서가 거론되어 참석자들이 이에 대해 논평하거나 의견을 말하기도 했다. 그때마다 문하생들은 "선생님께서도 꼭 투자 비법서를 남겨 주십시오. 선생님이라면 지금까지 나온 그 어떤 비법서보다도 훌륭한 책을 쓰실 수 있을 겁니다. 저희들은 선생님의 책이 완성되는 순간을 학수고대하고 있습니다"라며 한목소리로 간청했다.

무네히사는 그럴 마음이 없는 것처럼 보였다. 투자에 대한 자신의 견해나 생각 등 투자 비법이라고 할 만한 내용들은 물론 매일 기록하고 있었지만 그 투자 비법이 외부로 새어 나가서도, 함부로 공개되어서도 안 된다고 생각했다.

무네히사에게는 1남 1녀의 자식이 있었으나 모두 스무 살이 되기도 전에 죽고 말았기 때문에 뒤를 이을 후계자로 처 미야의 친정에서 미야의 남동생 이노시로를 양자로 들였다. 양아들이 투자에 관심이 있으면 투자 비법서를 남기는 것도 의미가 있겠으나, 그렇지 않다면 비법서를 남겨도 별 의미가 없다고 생각했다. 미야의 남동생은 쌀 거래에 전혀 관심이 없었다. 그래도 무네히사는 정확한 시기는 알려져 있지 않지만 1796년 이후 《무네히사비록(宗久翁秘錄)》 혹은 《혼마 무네히사옹 유서(本間宗久翁遺書)》라고 불리는 투자 비법서를 내놓았다.

에도 시대에 출간된 쌀 투자 비법서는 대부분 익명으로 쓰였는데 무네히사의 비법서에는 본명이 적혀 있다. 그 이유는 무엇일까? 또 투자 비법은 외부로 새어 나가지 않아야 한다며 출판에 소극적이던 무네히사가 어째서 책을 출간하게 됐을까? 제목으로 추측해 보면, 무네히사가 직접 책을 저술했다기보다는 제자들이 무네히사의 만년, 또는 사후에 그가 적어놓은 초고를 정리해 책으로 엮었다고 보는 게 타당하다. 무네히사에게 투자 비법서를 남겨두려는 마음이 전혀 없었던 것은 아니다. 그러나 그것은 어디까지나 외부로 새어 나가지 않는다는 전제하에 극히 일부 투자 동료, 혹은 혼마 가문의 자손들을 위해 남겨두고자 했던 것이다.

무네히사는 51세 때인 1768년, 집필하기 시작해 약 30년에 걸쳐 《본종막야검(本宗莫耶劍)》이라는 제목의 책을 완성했다. 이 책은 그와 아주 가까운 투자가들에게만 공개됐는데 순식간에 입소문이 퍼져 돌려 가며 읽거나 필사본이 유포될 정도였다.

이에 무네히사의 문하생인 젠베와 이소카가 무네히사의 위업을 세상에 널리 알리고 오래도록 전하기 위해 《본종막야검》과 함께 무네히사가 남긴 초고를 모아 엮은 책이 《무네히사비록》과 《혼마 무네히사 상장삼매전》이다. 이 책들은 무네히사가 남긴 글에 제자들이 무네히사에게 배운 내용과 그들의 의견 등을 추가로 적어 넣은 것이라는 설이 있지만, 진위는 밝혀지지 않고 있다. 다만 《무네히사 비록》이 《혼마 무네히사 유서》라고 불린 점을 보면 무네히사의 사후, 즉 1803년 이후에 출간되었을 가능성이 크다.

이것을 하야사카 도요조[早坂豊藏]가 1893년 개정판으로 출판했다. 도요조는 1871에 태어난 유명한 투자가인데, 젠베나 이소카 등의 가르침을 받으며 무네히사의 투자 철학을 철저히 연구한 인물이다. 그 자신도 《주식기미상장경제학(株式期米相場経済学)》, 《기미상장괘선학(期米相場罫線学)》, 《상장괘선술강의(相場罫線術講義)》 등의 책을 출간했다.

《무네히사비록》은 쌀 투자로 일본 최고의 업적을 남긴 투자의 명인, 투자의 신이 자신의 체험, 노하우를 살려 집대성한 에도 시대 최고의 비법서로, 오늘날에도 이에 필적하는 투자 비법서를 찾아보기 힘들다. 《무네히사비록》에는 다음과 같은 주옥 같은 명문이 담겨 있다.

- 매수, 매도 공히 오늘만큼 좋은 시장은 없다고 생각될 때 3일을 기다려라.
- 거래를 서두르지 마라.
- 천장과 바닥의 정도를 생각하고 매매하라.
- 사람들이 서쪽으로 달리면 나는 동쪽을 향해야 이운(利運)이 따른다.
- 바닥부터 오르는 쌀은 몇 개월간 계속 오르는 법이다.

- 바닥과 천장을 노리고 매매해라.
- 열 사람이 모두 치우쳐 있을 때 반드시 그 반동이 오는 법이다.
- 하락장일 때는 바닥에서 사지 않으면 이득이 없다.
- 결코 홧김에 팔고, 홧김에 사지 마라.
- 연중 내내 거래하고 있으면 이운에서 멀어진다.
- 투자에 확신이 없을 때는 쉬어라.

그리고 무네히사는 이 책의 맨 뒤에 다음과 같은 경계의 말을 남겼다.

이 글은 가까운 사이라 할지라도 결코 다른 사람에게 보여 주어서는 안 된다. 이는 결코 오직 나 혼자만 부자가 되기 위함이 아니다. 이 글을 제대로 이해하지 않고 쌀 투자로 돈을 버는 일을 너무 쉽게 생각하고 매매에 뛰어든다면 실수하게 되고, 심지어 재산을 모조리 잃게 되어 원망을 살 수 있기 때문에 결코 타인에게 보여서는 안 된다. 반드시 숨겨라.

에도 시대에 남겨진 쌀 투자 비법서에 적힌 주옥 같은 명언들은 오늘날에도 주식 투자의 명언으로 전해져 내려오며 투자가들의 나침반과 같은 역할을 하고 있다. 그중 가장 대표적인 것이 바로 《무네히사 비록》이며, 그다음이 《삼원금천비록》이다. 호랑이는 죽어서 가죽을 남긴다고 하는데, 일본 최고의 투자 명인은 죽어서 일본 최고의 투자 비법서를 남긴 셈이다.

미쓰오카와의 화해

1790년경 만년의 무네히사에게 미쓰오카의 편지 한 통이 도착했다. 화해를 청하는 내용이었다. 무네히사는 이를 흔쾌히 받아들여 두 사람은 겨우 화해를 하고 관계를 회복했다. 그런데 미쓰오카는 어째서 무네히사와 화해할 생각을 했던 것일까?

미쓰오카는 쌀 투자를 도박이나 투기로 생각해 끔찍하게 싫어했다. 그래서 쌀 투자에 몰두하는 무네히사를 좋게 보지 않았다. 이것이 무네히사와 의절한 가장 큰 이유다. 미쓰오카는 니가타야 경영의 축을 크게 상업과 금융, 토지로 구분해 사업을 착실히 확장하는 한편, 이익의 일부를 공익사업에 투자하여 사회에 환원했다. 공익사업에 힘쓰고 이익을 사회에 환원하는 것은 혼마 가문의 초대 당주 모토미쓰 이후 혼마 가문에 대대로 이어져 내려온 전통이었다. 그런 미쓰오카의 입장에서 보면 쌀 투자로 부를 축적하는 데 전념하는 무네히사는 혼마 가문의 이상에서 크게 벗어난 바람직하지 못한 인물이었다. 때문에 무네히사가 쌀 투자로 큰 성공을 거두고 거액의 재산을 쌓아 올려도 일부러 이를 무시했던 것이다.

그러나 무네히사가 재정난에 허덕이는 쇼나이 번이나 기타 도호쿠 지방의 번들에 거액의 자금을 원조하거나 막부나 간에이지 등의 재정 재건에 협력하는 등 사회에 기여하기 시작하자 무네히사를 다시 보게 되었다. 또한 1790년에 장녀 쓰루요(鶴代: 미야노)가 28세의 젊은 나이로 죽고, 장남 미쓰미치가 병약했던 탓에 마음이 약해졌다.

미쓰미치는 몸이 약했기 때문에 1783년 적자에서 폐하였으나 몸이 회복되자 다시 적자로 번에 신고했다. 미쓰미치는 가업을 잇고 혼마 가문의 4대 당주가 된다. 그러나 네 번째 부인이 낳은 아이가 어려서 죽는 등 부인이나 자식 복이 없어 종형제 미쓰타카[光敬]의 차남 미쓰테루[光暉]를 양자로 삼아 여종 사이에 태어난 딸과 결혼시켜 가업을 잇도록 했다.

이런 상황에서 무네히사와 마쓰오카 두 사람의 불화가 계속되는 것을 걱정한 쇼나이 번주 사카이 다다아리가 마쓰오카에게 이런 이야기를 꺼냈다.

"쇼나이 번은 자네 덕분에 여러 차례의 재정 위기를 몇 번이나 극복해 지금에 이르렀네. 정말 고맙네. 자네뿐만이 아니라 숙부인 무네히사도 우리 번을 기꺼이 도와주었지. 우리 번은 혼마 가문 덕분에 지금에 이를 수 있었다네. 자네들 두 사람에게 감사의 마음을 표시하기 위해 자네뿐만이 아니라 무네히사도 사카이 가의 오캇테고요가카리로 임명하기로 했네."

"저뿐만 아니라 숙부님까지 오캇테고요가카리로 임명해주시다니 저희 가문으로서는 차고 넘치는 영광입니다. 감사의 말씀을 드립니다."

"그래서 자네에게 한 가지 부탁할 일이 있네."

"무엇이든 말씀하십시오."

"내 부탁은 다름 아니라…… 두 사람이 계속 의절한 상태인 것이 나로서는 참으로 안타까울 뿐이네. 이제 두 사람은 언제 극락으로 갈지 알 수 없는 나이가 되었으니 죽기 전에 화해를 하는 게 어떠

한가?"

"그 일에 대해서는 저도 예전부터 늘 마음에 걸렸습니다."

"자네가 무네히사에게 의절을 선언하고 혼마 가문에서 추방했으니 화해를 청하는 것도 자네가 먼저 하게. 본가가 분가에 화해를 청한다는 것이 기분 나쁘고 내키지 않겠지만 나를 봐서라도 부디 손아래인 자네가 한 걸음 양보해 먼저 화해를 청해 보게."

"지당하신 말씀입니다. 의절한 채로 저세상에서 숙부님과 다시 만난다면 서로 마음이 편치 않겠지요. 그렇게 되지 않도록 서로가 아직 건강할 때 화해해야겠습니다."

뜻밖에 미쓰오카로부터 화해의 편지를 받은 무네히사는 오랜 세월 자신을 계속 괴롭혀 왔던 마음속 짐을 내려놓은 것만 같아 한결 마음이 가벼워졌다. 자신이 사카타의 명문 혼마 가문의 일원이라는 사실을 늘 자랑거리로 생각해 왔는데, 자신보다 14살이나 어린 조카 미쓰오카에게 의절을 당하고 혼마 가문에서 추방된 일은 그의 마음속에 큰 상처로 자리 잡고 있었다. 미쓰오카에게 본때를 보여 주겠다는 일념 하나로 오로지 쌀 투자에 매진해 거액의 재산을 손에 거머쥐었지만, 마음속은 늘 공허했다. 그러던 중 미쓰오카에게서 생각지도 못한 화해의 편지를 받자 무네히사는 마음속에 웅어리진 서운한 감정이 눈 녹듯 사라지는 느낌이었다. 게다가 그와 미쓰오카가 똑같이 사카이 가의 오캇테고요가카리로 임명되었다는 사실에 무네히사는 사카이 가의 세심한 배려를 새삼 느낄 수 있었다.

무네히사는 1803년 에도에서 조용히 숨을 거둔다. 향년 87세였다. 그의 묘지는 현재 도쿄 도 다이토 구[台東区] 시타야[下谷]에 있는

즈이토쿠지[隨德寺]라는 작은 절에 있으며 묘석에는 '혼마 가의 묘'라는 소박한 묘비가 세워져 있다. 법명은 '무네히사 거사 호미쓰노 부인[宗久巨士號光信院]'이다.

미쓰오카는 무네히사보다 2년 앞인 1801년 70세의 나이로 타계했다. 법명은 '소쿠만인 석무네요시[速滿院釋宗善]'다.

혼마 가문의 무덤은 대대로 사카타 시의 조후쿠지에 안장해 왔기 때문에 미쓰오카의 무덤도 그곳에 마련돼 있다. 미쓰오카는 1917년 정5품직을 하사받았다. 이를 기념해 미쓰오카의 공적을 기리기 위해 '미쓰오카 신사', '미쓰오카 문고' 등이 만들어졌다.

무네히사의 묘소는 오늘날까지 투자의 신을 본받으려는 증권맨들과 투자가들의 발걸음이 끊이지 않는다.

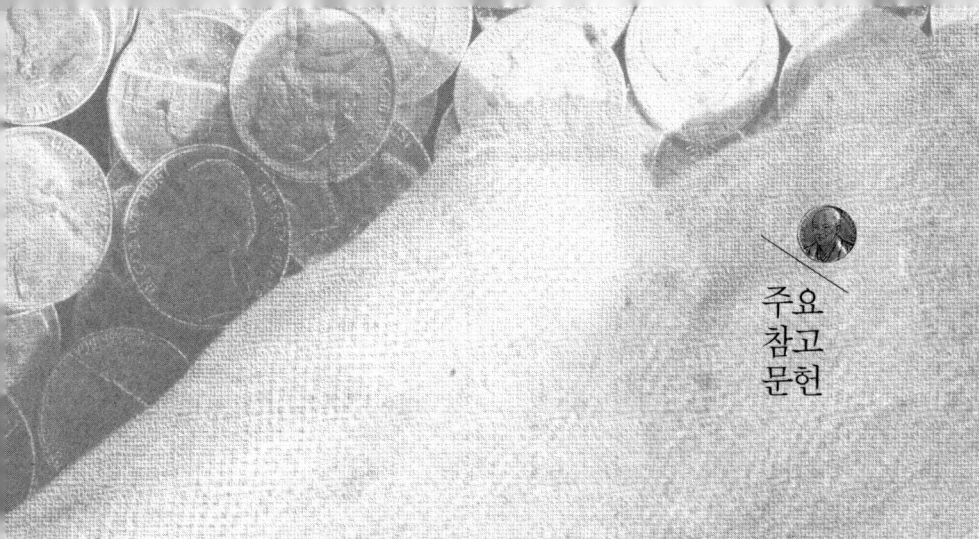

주요 참고 문헌

《사카타시사》 (상·하)

《사카타시사(경제편)》 (상·하)

《사카타의 혼마 가》 (사토 사부로 저, 주오쇼인)

《혼마 무네히사옹 비전》 (야쓰 도시카즈 저, 다이아몬드사)

《도쿠가와 시대 경제비록전집》 (아다치 다로, 마쓰야마보)

《혼마 무네히사 상장삼매전》 (투자레이더)

《손자병법》 (모리야 히로시, 미스즈 쇼보)

기타 각종 인터넷 정보 등

거래의 신
혼마 무네히사 평전

초판 1쇄 발행 2013년 10월 10일
5쇄 발행 2025년 9월 12일

지은이 니시노 타케히코
옮긴이 전양주

펴낸곳 (주)이레미디어
전　화 031-908-8516(편집부), 031-919-8511(주문 및 관리) | 팩스 0303-0515-8907
주　소 경기도 파주시 문예로 21, 2층
홈페이지 www.iremedia.co.kr | 이메일 ireme@iremedia.co.kr
등　록 제396-2004-35호

편집 허지혜, 정은아, 정내현
디자인 에코북디자인

저작권자ⓒ니시노 타케히코
이 책의 저작권은 저작권자에게 있습니다. 저자나 출판사에 서면에 의한 허락 없이 내용의 전부 혹은 일부를 인용하거나 발췌하는 것을 금합니다.

ISBN 978-89-91998-84-1 13320

가격은 뒤표지에 있습니다.

이 도서의 국립중앙도서관 출판시도서목록(CIP)은 e-CIP홈페이지(http://www.nl.go.kr/ecip)와
국가자료공동목록시스템(http://www.nl.go.kr/kolisnet)에서 이용하실 수 있습니다(CIP제어번호: CIP2013015823).